Frühe Kindheit | Beobachten & Dokumentieren

Dorothee Jacobs

Kreative Dokumentation

Dokumentationsmethoden für Kindertageseinrichtungen

Cornelsen
SCRIPTOR

Ihre Wünsche, Kritiken und Fragen richten Sie bitte an:
Cornelsen Verlag Scriptor, Redaktion Frühe Kindheit, Willy-Brandt-Platz 6, 68161 Mannheim oder
Marketing, 14328 Berlin, Cornelsen Service Center, Servicetelefon 030/89 785 89 29

ISBN 978-3-589-25418-7

1. Auflage 2006

08 09 10 5 4 3

Verlagsbereichsleitung: Ulrike Bazlen, Mannheim
Lektorat: Katrin Sauer, Weinheim
Herstellung: Uta Euler, Weinheim, Sandra Bennua, Mannheim
Satz: Markus Schmitz, Büro für typographische Dienstleistungen, Altenberge
Druck und Bindung: CPI – Ebner & Spiegel, Ulm
Umschlaggestaltung: Claudia Adam Graphik-Design, Darmstadt
Titelfotografie: Anja Doehring, Lübeck
Fotos Innenteil: Anja Doehring, Lübeck
Zeichnungen und Objekte: Dorothee Jacobs

Printed in Germany

Weitere Informationen finden Sie im Internet unter
www.cornelsen.de

Ich danke

den Kindern und Mitarbeitern der SchülerWerkStadt e. V.
meinen Töchtern Marie und Lucia
meinen Eltern
Tante Brigitte
Monika Schell
Babette Kalthoff
Bärbel Schneider
Karin Höhne
Eckhard Hasler
Antonia Kaps-Locher
Angelika Wolpert
Magdalene Moll und Irene Böhm in Locarno
Anke Fiskal
Eckart Nebel und
Paul Räther.

Inhalt

Vorwort

Als die Idee entstanden war, ein Buch über Kreative Dokumentation pädagogischer Arbeit in Kindertageseinrichtungen (im Folgenden auch ›Kitas‹ genannt) zu verfassen, trug dieses Projekt schnell einen Arbeitstitel: das »Doku-Doku-Buch«. Was könnte leichter und sinnvoller sein, als die eigenen langjährigen Erfahrungen mit Dokumentation zu dokumentieren? Als Erzieherin hatte ich jahrelang erlebt, wie hilfreich es ist, die eigene pädagogische Arbeit gut für sich selbst auszuwerten – und für andere nachvollziehbar darzustellen. Ich hatte Lust, ein Buch zu machen, das zeigt, wie das gesamte Spektrum des bunten Kita-Alltages in seinen Sinnzusammenhängen festgehalten werden kann – von Erzieherinnen ebenso wie von Kindern. Beiden macht es in der Regel sehr viel mehr Spaß, ihr Erleben zu schildern, wenn sie sich den Träger ihrer Dokumentation selbst ›gebaut‹ haben und so ein sinnlicher Bezug zum Thema hergestellt ist: Dokumentation als Lust statt als Last. Ist die Leidenschaft des Dokumentierens in der Kita erst einmal ausgebrochen, können wir bald auf eine Fülle an Material zurückgreifen, um uns dann dem Sortieren und Auswerten unserer Spuren zuzuwenden.

Während ich mir Gedanken über diese Dinge machte, wurde das Thema Beobachten und Dokumentieren zu einem zentralen Thema in der pädagogischen Öffentlichkeit. Zahlreiche Publikationen erschienen neu auf dem Markt oder wurden überarbeitet. In den Bildungsprogrammen der meisten Bundesländer wurden Beobachtung und Dokumentation als basale Aufgaben von Erzieherinnen festgeschrieben. Jedoch wenden sich diese Publikationen überwiegend nur einem Ausschnitt dessen, was man Dokumentationskultur nennen kann, zu: der Dokumentation der Entwicklung des einzelnen Kindes und seiner Bildungsprozesse. Es gibt also Ergänzungsbedarf. Der starken Betonung des Ich (Ich kann dies, Ich kann das ...) in der derzeitigen Diskussion um geeignete Formen der Bildungsdokumentation in Kindertageseinrichtungen möchte ich eine ›Wir-Betonung‹ und die Betonung der jeweiligen Themen und Erlebnisse selbst an die Seite stellen.

Dieses Buch liegt nun als ›Sack voller Säcke‹ vor Ihnen. Inhalt und Darreichung sind dasselbe: Ich stelle dar, wie man darstellen kann, beschreibe, wie man schreiben kann, reflektiere, worüber reflektiert werden sollte, und schildere so anregend wie möglich, was im Laufe meiner Berufserfahrung dokumentationsdienliche Gestalt angenommen hat. Die abgebildeten Kinderkunstwerke stammen zum großen Teil von meinen Töchtern Marie Köckenberger und Lucia Jacobs sowie von Kindern aus der SchülerWerkStadt e. V. und dem Nachbarschaftsheim Berlin-Schöneberg.

Beim Nachdenken über das Hinterlassen und Aufgreifen von Lebensspuren wurde mir folgendes klar: In meiner Schulzeit – als spektakuläre Spätzünderin, was das Lesen anbelangt – hatte ich doch immer Hefte, Büchlein und Bücher gebaut, genäht, gemalt, vollgeschrieben und vollgeklebt. Auf diese Weise habe ich mir damals meine Brücke gebaut. Schließlich fing ich an, die Lesephobie zu überwinden, um dann ein Buch nach dem anderen zu verschlingen und nun dieses zu schreiben. Vielleicht ergeht es ja manch leseunlustiger Erzieherin, die ins Dokumentationsfieber geraten ist, ähnlich.

Ich wünsche Ihnen jedenfalls viel Spaß beim Schmökern, Ausprobieren und Weiterentwickeln der Ideen. Über Rückmeldungen und Anregungen freue ich mich jederzeit!

Berlin 2006

Einleitung

Dies Buch mag zur Entwicklung eigner Ideen und Vorgehensweisen ebenso anregen wie zum Nachbau einzelner Objekte. Es ist in einen nachdenklichen und zwei handwerkliche Teile untergliedert.

In Teil 1 beschreibe ich den guten Nährboden jeglicher Dokumentationstätigkeit, wie er meines Erachtens im Team diskutiert und erprobt werden sollte. Es geht um Motivationen, Herangehensweisen, bestimmte Themen einkreisende Techniken und den Erkenntnisgewinn, den sie uns für die Arbeit bieten. Die Ideen meiner Dokumentationsmodelle sind aus einer bestimmten Haltung und einem bestimmten Bedürfnis heraus entstanden. Sie sollten vor allem den Austausch über die Lebens- und Bildungsthemen in der Kindertageseinrichtung erleichtern. Richtiger noch: Sie haben sich unmittelbar aus diesem Austausch ergeben. Kommunikation war der Motor. Sowohl im Sinne des ›fachlichen Selbstgesprächs‹ als auch im Sinne eines intensiven, lustvollen Dialogs mit Kindern, Kollegen und Eltern.

In Teil 2 finden Sie 22 Dokumentationsmodelle für jeweils ganz unterschiedliche Anliegen. Sie sind – je nach Ziel- und Herstellergruppe – in vier Abschnitte unterteilt: Kinder dokumentieren ihr Leben, Erzieherinnen dokumentieren für die eigene Arbeit, Eltern und Träger, Erzieherinnen dokumentieren für Kinder. Im Abschnitt »Alle dokumentieren für alle« werden Modelle vorgestellt, die zielgruppenübergreifend einsetzbar sind. Alle Modelle basieren auf dem Prinzip des ›Sichtbarmachens‹ und ›Ordnens‹ von Situationen und Themen. Dazu kommt, unübersehbar, das Prinzip der Freude am entwerfenden, gestaltenden Tun. Wie mache ich sichtbar, welche Themen in der Gruppe zur Zeit vorherrschend sind und in welchem Bezug sie zueinander stehen? Mit wem mache ich es sichtbar? Für wen? Welcher Art muss also der ›Aufforderungscharakter‹ sein, den ich meinem Objekt verleihen will? Die Modelle sind, wenn man so will, materialisierte Antworten auf Praxisfragen. Sie sind zum Teil ganz spontan, mitten im Alltag entstanden. Andere Modelle sind wiederum das Ergebnis langer Suche nach einer Lösung für ein explizites Problem. Der Giga-Ordner kann als die Krönung dieser Ideengruppe bezeichnet werden. Das damit einhergehende Verfahren ist mittlerweile in vielen Kindertageseinrichtungen zum Standard geworden.

Die Frage: »Welche der Modelle sollen wir denn nun für unsere Arbeit wählen«, beantworte ich gerne mit der Anregung, jedes Modell als eine passgerechte ›Schublade‹ für ein bestimmtes Anliegen und sein jeweiliges Material zu sehen. Niemand beschwert sich darüber, dass ein Schreibtisch viele verschiedene Schubfächer hat! Jedes Ding braucht seinen angemessenen Platz. Die bundesweite Debatte darüber, wie genau ein Bildungsbuch, oder ein Portfolio aussehen sollte, entspringt meines Erachtens dem nicht ganz nachvollziehbarem Wunsch, fast alle Dokumentationsanliegen in ein bis zwei ›Schubladen‹ unterzubringen. Warum eigentlich?

In Teil 3 beschreibe ich alle handwerklich-gestalterischen Grundlagen, die bei der Herstellung mehrerer Dokumentationsmodelle zur Anwendung kommen. Bei den Instruktionen in Teil 2 wird deshalb gelegentlich auf Arbeitsanleitungen in diesem letzten Teil des Buches verwiesen.

Schließlich noch ein Hinweis auf den handwerklichen Anspruch, der hinter den angewandten buchbinderischen Methoden steckt. Es ist der Anspruch einer Frau aus der Praxis, die weiß, dass eine Erzieherin über wenig Zeit und Geld verfügt. Ich beschreibe einfachste, bisweilen ›unkorrekte‹ Verfahren, die ich mir im Alltag mit Kindern von offiziellen Methoden abgeleitet und für meine Zwecke passend gemacht habe. Sie sind den realen Möglichkeiten einer Kindertageseinrichtung angepasst und haben den entsprechenden Anforderungen bislang allemal und auf schöne Weise gedient. Perfektionismus ist nicht mein Anliegen. Wertvollen Inhalten eine sinnliche, ihre Aussagen unterstreichende Form zu verleihen, hingegen sehr. Die Materialien für die vorgestellten Modelle sind in Zeichenbedarfsfachgeschäften problemlos zu bekommen oder auch im Internet zu bestellen.

Wer die höheren Weihen des Buchbindens erlangen will, dem sei empfohlen, sich mit dem wunderbaren Buch »Schachtel, Mappe, Bucheinband« von Franz Zeier auseinanderzusetzen. Diesem Buch habe ich viele wertvolle Anregungen zu verdanken.

Aus sprachästhetischen Gründen und um dem Umstand Rechnung zu tragen, dass die meisten Beschäftigten in Kindertageseinrichtungen Frauen sind, wird in diesem Buch von Erzieherinnen gesprochen. Männliche Pädagogen sind selbstverständlich mitgemeint.

Teil 1

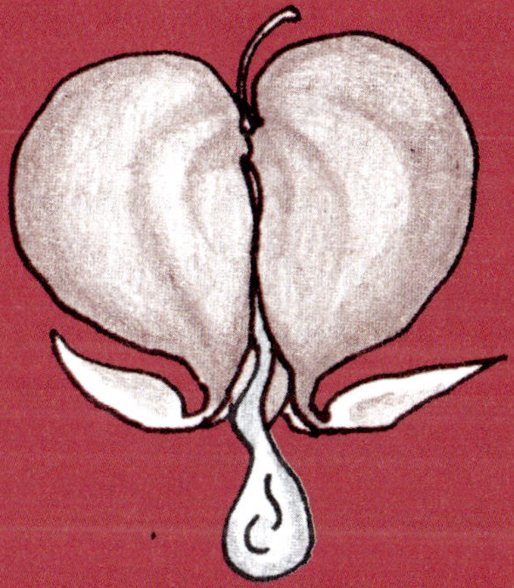

Dokumentieren – aber wie?

Kreativität – was ist das?

Es gibt wenige Worte, die so gut geeignet sind, Missverständnisse auszulösen, wie der Begriff ›Kreativität‹. Um mit dem Titel ›Kreative Dokumentation‹ nicht falsch verstanden zu werden, möchte ich mein eigenes vages Verständnis von ›Kreativität‹ einkreisen. Vage, weil ich mich nur in geringem Umfang mit Kreativitätsforschung befasst habe, und mir darüber im Klaren bin, dass Kreativität eine streitbare Angelegenheit ist. Ist sie angeboren? Ist sie erlernbar? Woran können wir sie erkennen?

Kreativität wird im Volksmund gerne für alles Bunte, Unvorgegebene und Unkonventionelle benutzt. Ihr wird ein gewisser Optimismus, auch etwas Frechheit vielleicht, und tendenziell gute Laune unterstellt. Ich verstehe Kreativität etwas anders.

›Kreativ‹ im Sinne dieses Buches steht für die Qualität einer Handlungsweise oder eines Ergebnisses, die/das

- Sich durch geistige Beweglichkeit und die Verknüpfung vielfältiger Wahrnehmungen auszeichnet
- Nichts mit Begabungen zu tun hat
- Zeigt, dass jemand in der Lage ist, neue gedankliche Verbindungen bezüglich der Bewältigung zum Teil sehr verschiedener Anforderungen herzustellen
- Zeigt, dass jemand es versteht, individuelle Sinnzusammenhänge eigenständig zu erkennen und eine geeignete Form zu finden, dies mitzuteilen
- Im Sinne der Formulierung ›schöpferisch sein‹ themenunabhängig etwas Lebensbejahendes in sich trägt – sowohl durch die Akzeptanz dessen, was uns an Möglichkeiten, Dingen, Empfindungen und Erkenntnissen zur Verfügung steht, als auch durch das Bedürfnis, das Vorgegebene zu erweitern und, wenn es Sinn macht, neu zu ordnen und zu gestalten
- Zeigt, dass jemand es versteht, sowohl aus Problemstellungen als auch aus dem schönen Gewahrwerden von ›Nichtproblemen‹ (z. B. »guten« Situationen) konstruktive Schlüsse für sein weiteres Handeln zu ziehen.

Einstein soll einmal gesagt haben, nur derjenige sei in der Lage gewesen, die Nähmaschine zu erfinden, der sich vorstellen konnte, dass eine Nadel ihr Öhr auch an der Spitze tragen kann (vgl. von Hentig 1998).

Spüren und Spuren hinterlassen

Dokumentation als Pendelbewegung zwischen innerem Erleben und äußerer Darstellung

Wer sich entschieden hat, alles, was zu einem guten Kita-Leben gehört, differenziert zu dokumentieren, wird bald merken, dass das Beleuchten, Hinterfragen und Benennen der Dinge eine starke Wirkung auf das Leben selbst nimmt. Die Tagebuchschreiberin hat ein intensiveres Bewusstsein von ihrer Biografie, deren Rhythmen und besonderen Ausprägungen. Ebenso ergeht es der Fotografin mit ihrem Umfeld oder dem Lokal-Reporter mit bestimmten Ereignissen in der Stadt. Nicht das Leben ändert sich in seinen äußeren Bedingungen, sondern unsere Beziehung zu ihm, unser Blickwinkel und damit auch unser Handeln. Dieselbe Erfahrung einer Veränderung im Erleben und Gestalten der Dinge macht die Erzieherin, die sich entschieden hat, ihre bisherige Dokumentationskultur zu verfeinern. Dokumentation mit Tiefenschärfe ist ein hochwirksamer Digestif für nachdenkliche Pädagogen.

Wer die gängigen Dokumentationen von Kita-Ereignissen betrachtet, wird feststellen, dass es nicht besonders aufregend ist, wiederholt zu zeigen: Wir haben Kuchen gegessen, etwas aufgeführt, den Raum geschmückt… Paul war damals noch sooo klein und Nina schon sooo groß…

Wer mit pädagogischem Anspruch dokumentiert, fragt sich:

- Was genau will ich sagen und zeigen, worauf konzentriere ich mich?
- Welcher ›Geist‹ wehte bei dem Ereignis und wodurch kam dies zum Ausdruck?
- Wo lag der Unterschied zum Fest des letzten Jahres?
- Was wäre also eine aussagekräftige Überschrift? Was sind meine Untertitel?
- Welches Thema war in diesem bestimmten Zeitraum vorherrschend im Haus?
- Was ›erzählt‹ uns das Kind über sich, welchen Themen schenkt es seine ganze Aufmerksamkeit?
- Für wen ist die Dokumentation eigentlich gedacht?
- Welche sinnlichen Aspekte enthält sie?
- Und wie mache ich sie so spannend und einladend, dass jeder sie unbedingt immer wieder anschauen mag?

Dokumentationsmethoden sind Werkzeuge wider einen gleichförmigen und doch reizüberfluteten Alltag.

Erzieherinnen klagen häufig, dass sie sich durch das Jahr getrieben fühlen: entlang der Jahresfeste über den Acker der Elternarbeit, balancierend durch Phasen von Eingewöhnung oder Übermut bis hin zur Urlaubsbrücke, dort, am Baum der Burnout-Erkenntnis, der aus einer Mischung aus Überarbeitung und Langeweile besteht. Deutliche Konturen, Rhythmen aus leidenschaftlichem Engagement und ebenso leidenschaftlicher Entspannung scheinen oftmals zu fehlen, man mäandert vor sich hin, es gibt zwar Feste – aber sind's die echten freudigen Höhepunkte oder sind es stöhnende Klimmzüge? Kann und muss es so viele Höhepunkte in einem Jahr überhaupt geben? Oder könnte man sich mal auf zwei, drei konzentrieren? Wann feiern wir denn eigentlich den satten, charmanten Alltag? Was sind uns die kostbarsten kleinen Momente?

Das Leben ist so entspannt, wie wir es fließen und zusammenhängen lassen und so spannend wie die Fragen, die wir ihm stellen. Dies sind zwei große Themen in der Gestaltung des Kita-Alltags. Beiden kann durch geübte Dokumentationstätigkeit gut zugearbeitet werden.

Die Weise, wie wir unser Leben dokumentieren, gibt uns deutlich zu erkennen, ob wir auf der Suche nach etwas sind, etwas Neues ausprobieren, etwas Liebgewonnenes pflegen. Oder ob wir, böse ausgedrückt, einfach so vor uns hin wursteln. Je geübter wir damit werden, uns einzufühlen, genau hinzugucken und das Gesehene ohne Scheu zu analysieren, zu notieren und abzubilden, desto leichter wird es uns fallen, Bedeutsames von Unbedeutendem zu unterscheiden.

Prozess statt Stress

Das allseits als kostbar erkannte forschende, experimentierende Lernen kann nur von Erzieherinnen abgestützt werden, die selbst bereit sind, sich stets aufs Neue ins Land der Ungewissheit zu begeben. »Lebenslanges Lernen« – stöhnen wir bei diesem Begriff oder spiegelt er unsere innere Neugier?

Ob wir als Erzieherinnen selbst forschen und experimentieren, zeigt sich ohne weiteres an all den Spuren und Dokumenten von Eltern-, Team- und Gruppenarbeit, die das vergangene Jahr von uns hinterlassen hat. Genau hingucken! Ob wir es überhaupt wagen durften zu forschen, ist eine zweite Frage. Erzieherinnen müssen von Seiten ihrer Leitung stets ermutigt werden, Neues auszuprobieren – auch wenn es dabei Pannen geben kann. Die Erzieherin, die aus einer bestimmten Situation heraus sorgfältig die Vorbereitungen für ein Projekt getroffen hat und dieses jedoch (scheinbar verfrüht) ausbremst, weil es für alle unbefriedigend geworden ist, muss unterstützt statt getadelt werden. Die vertrauensvolle Atmosphäre in der Kita und die Loyalität der Leitung ihren Mitarbeiterinnen gegenüber sind entscheidend. Blamieren gibt's nicht. Denn hier fängt die Pädagogik erst an. Was genau ist passiert? An welchem Punkt wurde es zu chaotisch oder zu brav? Wann ging das Interesse verloren? Hat es sich vielleicht nur in Richtung anderer Themen verzogen? Wie könnte man es nächstes Mal anders machen? Was haben wir alle daran gelernt? Thematisieren wir es beim Morgenkreis oder beim Kinderplenum! Das Erkennen dessen, welch schöne ›Fehler‹ wir machen, wenn es denn welche sind, spielt bei allen Bildungsprozessen eine herausragende Rolle. Der Weg ist das Spiel. Und genau das sollte dokumentiert statt unterschlagen werden. So werden unsere Berichte zu spannenden ›Roadmovies‹ statt zu ebenso langatmigen wie kurzzeiligen Selbstbelobigungen.

Die Benennbremse

Der Anthroposoph Georg Kühlewind (Hüther et al. 2004) benutzte gern den Begriff der Denkbremse. Ich nenne das »Alles-super-gelaufen-Verhalten« beim Dokumentieren die Benennbremse. Wer sich äußert, ist allemal ertappt? Lieber nur Unverfängliches formulieren, Dinge, denen Anerkennung sicher sein sollte? Aber wie verfänglich ist Unverfängliches! Die Autorin von Unverfänglichkeiten und Allgemeinplätzen gibt ihrer Furcht vor Irrtümern unmittelbar und deutlich Ausdruck.

Statt vager Formulierungen sollten wir die Dinge, die wir uns beim jeweiligen Thema gedacht oder die wir im Gespräch mit den Kindern herausgefunden haben, klar und differenziert benennen. Der oft geäußerte ›Nachteil‹ von Schriftlichem ist der: Alles wird zum Dokument, alles offenbart sich schwarz auf weiß und zwar dauerhaft. Der Vorteil von Schriftlichem gegenüber dem Mündlichen liegt jedoch ebenfalls auf der Hand: Es gibt die Möglichkeit der Korrektur. Statt »Gesagt ist gesagt« gilt: Notieren, überlegen, diskutieren, formulieren. Mehr dazu im Kapitel »Kreatives Texten«.

Dokumentation im Kontext

Es ist offensichtlich, dass die Kita ein Ort des permanenten Lernens für alle Beteiligten ist. Nicht nur für Kinder. Für diese Definition sollte man eintreten und nur so macht meines Erachtens die Arbeit Sinn und Spaß. Nur so können Fehler und veränderungsbedürftige Einstellungen und Umstände ärmelhochkrempelnd benannt werden. Keiner muss sich verteidigen, der nach bestem Gewissen auf der Suche nach guten Antworten für die jeweils erkannten Bedürfnisse der

Kita-Gemeinschaft ist. Nicht nur die gesellschaftlichen Verhältnisse befinden sich in ständiger Veränderung, auf die wir reagieren müssen. Auch das Wissen um menschliche Entwicklung, um die ›Anatomie‹ von Bildungsprozessen und um die sich damit im Wandel befindlichen Erzieherrollen erfährt ständig Zuwachs, Irrtümer eingeschlossen. Wenn wir eine gut informierte Einrichtung sind, dann haben wir an den dazugehörigen, oftmals schwierigen Fragestellungen regen Anteil. Dies sollte in den Dokumentationen einer Kindertageseinrichtung zu erkennen sein.

Immer feiner, immer tiefer ...

Kontinuierliche Dokumentationsarbeit gibt uns ständig neuen Anlass, interessante und immer tiefergehende Nachforschungen bezüglich unserer pädagogischen Praxis anzustellen. Auch Umkehrfragen sind nicht schlecht: Was sieht man denn nie auf unseren Fotos, obwohl es im Alltag eine große Rolle für die Kinder spielt? Widerspricht der Fokus der Kinder auf ihren Zeichnungen unserem Fokus auf Fotos und in Texten?

Bezüglich der Vielfalt von Dokumentationsmöglichkeiten und deren Zielgruppen ist es zudem, als führten wir einen kleinen Verlag, der sich ständig neu überlegen muss, was er für sein besonderes Publikum an Veröffentlichungen zusammenstellen kann und sollte. Unser Publikum und unsere Mitwirkenden, das sind die Kinder, die Eltern, der Träger, die Nachbarschaft und unter Umständen auch mal die ganze Stadt. Für jeden von ihnen sind andere Dokumentationsformen geeignet. Indem wir darüber nachdenken, was sie besonders interessieren und was dieses Interesse wiederum bewirken könnte, denken wir (zum Teil gemeinsam und laut) über unsere Arbeit nach, verfeinern und verändern sie permanent.

Schnittstellen

Das malende, also seine Lebenswelt dokumentierende Kind zeigt uns in seinen Bildern, was es in dieser seiner Welt in diesem Moment als bedeutsam empfindet. Es zeigt uns, wie es diese Bedeutsamkeiten miteinander ins Verhältnis setzt, welchen Raum sie einnehmen, mit welcher Intensität sie empfunden, mit welcher Symbolik sie verbunden werden und welche abstrahierenden Ausdrucksmöglichkeiten ihm zum gegebenen Zeitpunkt zur Verfügung stehen. Das entstandene Bild eines Kindes ist eine von vielen kurzen, notwendigen Bestandsaufnahmen an der Schnittstelle seiner Innen- und Außenwelt. Die dokumentierende Erzieherin zeigt ihrer Umgebung ganz Ähnliches. Sie trifft eine Auswahl an Blickwinkeln und Worten und lässt sich automatisch, egal wie ›zensiert‹ sie arbeitet, über die Schulter blicken. Wir geben uns sowieso zu erkennen. Wir dokumentieren, ob wir wollen oder nicht.

Der Bushaltestelleneffekt

Pädagogische Dokumentation kann als eine Art ›Bushaltestelle‹ bezüglich bestimmter Prozesse verstanden werden. Der Bus (der Prozess) ist immer unterwegs, doch ab und zu hält er an – und dieses Anhalten können wir nutzen, um eine Bestandsaufnahme zu machen. Wir können uns genauer umgucken und die Reisenden (die Kinder) interviewen. Wo wollen sie hin? Was haben sie bereits erlebt? Wie sind die Straßenverhältnisse?

Sobald wir anfangen zu fragen, wird uns klar, dass die meisten Dinge, die wir wissen wollen, erst dadurch interessant werden, dass wir erfahren, wie sie jemand erlebt hat. Unsere Fragen richten sich nicht nur an die Sachkenntnisse der Reisenden – wir wollen etwas über ihr Erleben, ihre persönlichen Wahrnehmungen und ihr Ordnen und Bewerten dieser Wahrnehmungen wissen. Viele Fragen richten sich also ans »Innen« unseres Gegenübers, und das ist kein Wunder. Denn die Fragen, die wir stellen, sind ja auch in unserem »Innen« entstanden und suchen ein adäquates Gegenüber. Wie ich bereits angedeutet habe, findet nun ein spannendes Wechselspiel zwischen den inneren Prozessen von Fragern und Befragten und der jeweiligen Erscheinungsform ihrer Äußerungen statt. Dokumentation kann als eine Art Membran zwischen mindestens zwei Lebenswelten verstanden werden. Bei jeder Dokumentation, ob in Wort, Ton oder Bild, wird der Pingpong-Effekt menschlicher Wahrnehmung und Lebensäußerung auf wunderbare Weise erkennbar. Dokumentation offenbart uns einander. Sie lässt uns innehalten. Wir sind als dokumentierende Pädagogen Subjekt innerhalb unseres Themas und doch im nächsten Moment Objekt der Wahrnehmung anderer, die sich die Ergebnisse unserer Betrachtungsweise schmökernd zu Gemüte führen.

Dokumentationstraditionen in Reggio Emilia

Die Dokumentationsarbeit, wie sie in Reggio Emilia (vgl. Reggio Children 2001) praktiziert wird, bietet sich uns als inspirierendes Vorbild. Die Unterstützung der kindlichen Eigentätigkeit und Selbstäußerung steht dort im Mittelpunkt fast aller Aktivitäten und ihrer anschließenden Auswertung und Darstellung. Die sprechenden Wände sind ein Teil dessen, was Reggio berühmt gemacht hat. Sie lassen für jeden Besucher der Kita sichtbar werden, über welche Themen sich die Kinder zur Zeit auf welche Weise die Welt erschließen. Ein weiteres Instrument Reggios sind die Diaris und Portfolios, in denen die Lebens-, Lern- und Entwicklungsgeschichte jedes einzelnen Kindes festgehalten werden.

Ein Beispiel dafür, wie konsequent die jeweilige (alters- und situationsentsprechende) Wirklichkeit der Kinder Gegenstand der Aufmerksamkeit von Reggio-Erzieherinnen ist: Eine Dokumentation zum Thema Regen erzählt davon, was passierte, als Kinder mit ihren Erzieherinnen darüber nachgedacht haben, woher der Regen kommt. Alle erdenklichen Erklärungsweisen schlagen ›zu Buche‹. Die Ergebnisse bewegen sich zwischen Beobachtung, Fantasie und Poesie. Wie langweilig wäre hingegen eine Ausstellung darüber, wie genau Regen entsteht! Da lesen wir doch lieber gleich in einem Fachbuch nach. In den Büchern, Filmen und Bilderwelten Reggios bekommen wir nicht nur eine Darstellung dessen, wie sich Kinder und Erzieherinnen einem Thema allmählich angenähert haben. Wir bekommen dazu noch einen Eindruck von ihrer Vorstellungskraft und davon, welchen Zugewinn bezüglich ihrer Darstellungsfähigkeiten die Rätselrater bei dieser Annäherung erfuhren. Solche Präsentationen lassen uns als Betrachter tatsächlich an Erkenntnisprozessen teilhaben.

Dokumentationen für das einzelne Kind

Beobachtungs- und Dokumentationsverfahren, die sich gezielt dem einzelnen Kind zuwenden, bilden nicht den Schwerpunkt dieses Buches. Dennoch stelle ich im praktischen Teil einige Dokumentationsträger vor, die mir für dieses Anliegen geeignet erscheinen.

An dieser Stelle nur einige Gedanken, deren Vertiefung und Diskussion ich gerne anregen möchte: Ich bin erstaunt, wie dünn gesät die Überlegungen in der Beobachtungs-Fachliteratur sind, die im Zusammenhang mit Beobachtungskonzepten zu den Persönlichkeitsrechten und der Intimsphäre des Kindes angestellt werden. Roger Prott hat diesem Sachverhalt mit seinen Beiträgen in »Bildung sichbar machen« dankenswerter Weise fundiertes Rechtswissen, muntere Nachdenklichkeit und den Mut zu notwendigen offenen Fragen entgegengesetzt. Er gibt zu bedenken: »Die Erwachsenen demonstrieren damit (mit Beobachtung und Dokumentation, Anm. d. Verf.) eben nicht ausschließlich Fürsorge und Unterstützung, sondern zugleich auch Misstrauen in das Kind und seine Entwicklung. Der obligatorische Charakter weist Beobachtung als Normalfall aus; er legitimiert die Begrenzung des Freiraums für Kinder, welcher andererseits als notwendig für ihre Selbständigkeit angesehen wird« (Prott, in: Gewerkschaft Erziehung und Wissenschaft 2006, S. 71).

Manchmal erscheint es mir, als spielten die (nachvollziehbaren) Wünsche von Erzieherinnen und Leiterinnen, Profil zu zeigen bei der Auswahl eines Beobachtungsverfahrens eine zu große Rolle. Bei etlichen Trägern beobachte ich zudem, dass sie die neue Verpflichtung nutzen möchten, um gleichzeitig einem anderen (nachvollziehbaren) Anliegen gerecht zu werden: der Fortbildung ihres Personals hinsichtlich eines umfassenden und aktuellen Entwicklungswissens. Ja, Beobachtungsfragen sind nützliche Lehrmeister, Fragen lenken und fordern den Blick. Wer jedoch Beobachtungs(frage)bögen zur Arbeitsgrundlage wählt, in denen jedes relevante Entwicklungsthema aufgegriffen und nach dem Stand der Dinge abgefragt wird, installiert möglicherweise eine Art zweiten pädagogischen Führerschein statt ein geeignetes Instrumentarium zur dialogischen Entwicklungsbegleitung und – unterstützung.

Das Problem ist u. a., dass diese Verfahren dazu verführen, alles im Blick zu haben – außer der Einzigartigkeit des Kindes, jenseits von Kompetenzen und Defiziten, und außer der Beziehungsgestaltung zwischen Erzieherin, Kind und Eltern, die jede Form des Beobachtens und Dokumentierens mit sich bringt. Denn auch wenn ein Team verabredet hat, in seinen Dokumentationen ›nur‹ Dokumente von Lernprozessen und ihren schönen Erfolgen zusammenzutragen, so bewirkt dies doch einen durch und durch leistungsorientierten Blick – egal, wie freundlich wir die Dinge beschreiben.

Der Erziehungswissenschaftler Schäfer weist mehrfach auf die Gefahren einer informationssammelnden Beobachtungspraxis hin. Er spricht von der Notwendigkeit, das Kind unseren Blick als ›anerkennende Resonanz‹ erleben zu lassen und sagt: »Die wenigsten haben es in guter Erinnerung, beobachtet zu werden. Sich beobachtet fühlen ist meistens kein angenehmes Gefühl. Häufig wird es verbunden mit Kontrolle, Einschätzung, Benotung und Bewertung.« (AG Professionalisierung frühkindlicher Bildung 2005, Handbuch S. 16).

Hier seien auch die Erziehungswissenschaftler Strätz und Demandewitz zitiert: »Beobachtung, welche die Persönlichkeitsrechte des Kindes berücksichtigt, geht auf Augenhöhe. Sie achtet die kindliche Perspektive durch professionelle Selbstreflexion, vor allem aber durch unmittelbare Kommunikation mit dem Kind. Indem die Erzieherin mit ihm ins Gespräch kommt, sich ernsthaft für das interessiert, was es gerade macht, erschließt sich ihr seine Welt. Das Wissen um das Kind erwächst aus diesem Nahraum des aufmerksamen Gesprächs.« (Strätz & Demandewitz

2005, S. 30). Dieses Wissen, doch vor allen Dingen ein guter, vertrauensvoller Kontakt erwächst aus der hier beschriebenen, von Dialog und Respekt gekennzeichneten Herangehensweise. Ich bin nur in wenigen anderen Publikationen auf ähnlich nachdenkliche Hinweise gestoßen. Abschließend möchte ich deshalb empfehlen: Egal mit Unterstützung welcher Beobachtungshilfen Sie Ihr Portfolio füllen, überprüfen Sie Ihre Arbeitsweise sorgfältig hinsichtlich ihres tatsächlichen Nutzens für das einzelne Kind. Machen Sie sich die Frage zum Maßstab, mit welchen Augen Sie Ihre eigene Entwicklung begleitet wissen wollten – und wie öffentlich oder verborgen die daraus resultierenden Dokumente aufbewahrt oder diskutiert werden dürften. Überprüfen Sie, welchen tatsächlichen Nutzen Ihre Unterlagen Ihnen zur täglichen Unterstützung des Kindes geben können, denn diese Aufgabe erfüllen zu können ist, auch rechtlich gesehen, die einzige Legitimation für Datenerhebungen dieser Art. Denken Sie zudem mit Ihren Kolleginnen darüber nach, wie sehr Sie Ihren Blick durch vorgefasste Fragen einschränken lassen wollen.

Auf eine weitere naheliegende Gefahr möchte ich in diesem Zusammenhang hinweisen:

- »Early-Excellent-Kinder« sind in den Dokumentationen ihrer Erzieherinnen engagierte ›Transporteure‹, ›Einwickler‹, ›Verbinder‹.
- »Pikler-Kinder« sind in den Dokumentationen ihrer Erzieherinnen autonome ›Bodenständler‹.
- »Berliner-Bildungsprogramm-Kinder« sind in den Dokumentationen ihrer Erzieherinnen vorbildlich kreative Forscher und Demokraten in Kleinformat – und halten stets eine Lupe oder einen Pinsel in der Hand.
- »Waldorf-Kinder« ... etc.

Der teilnehmende Blick

Jedes System will und sieht etwas anderes vom bzw. im Kind. Als Kind lernt man, damit zu leben. Ich erinnere mich genau an das Gespür meiner Geschwister und mir dafür, wie jemand (Lehrer, Onkel, Nachbar) ›tickt‹, und welche Stichpunkte man geben musste, um in gutem Kontakt zu sein. Je breiter die Palette der Stichpunkte und möglichen Berührungspunkte, desto ernstzunehmender und echter erschien uns unser Gegenüber. Die herausragendsten erwachsenen Persönlichkeiten meiner Kindheit teilten eine Faszination, ein Interesse oder eine Leidenschaft mit mir, statt mich darauf aufmerksam zu machen, dass ich diese Faszination habe und durch sie schon dieses und jenes vollbracht habe. Das Vollbringen wurde zur schönen Nebensache von Engagement und polarisierter Aufmerksamkeit. Es war nicht nötig zu rufen »Schau her, was ich machen kann!«, wenn ich jemand gefunden hatte, der bereit war mit mir in die Welt zu gucken (vgl. Gewerkschaft Erziehung und Wissenschaft 2006, S. 33). Das Erlebnis einer gemeinsamen Blickrichtung; nicht auf mich als Lerner, sondern auf den schönen Gegenstand des Lernens – verbunden mit der Bereitschaft zu einem kleinen Fachgespräch. Ich nenne diese mir bis heute unentbehrliche Beziehungserfahrung gerne den teilnehmenden Blick. Gerne betrachte ich Dokumentationen, in denen er zu erkennen ist.

Dokumentationspartnerinnen

Die Praxis des Dokumentierens stellt nicht einfach ein zu erlernendes Handwerk dar. Es geht vielmehr ›ums Ganze‹: um die Kinder, um uns und um die Welt, in der wir leben und die jedem von uns auf andere Weise abverlangt, unseren Weg zu finden und zu meistern. Diese Komplexität ist es, die fasziniert. Ebenso gut gibt sie uns jedoch auch eine Ahnung davon, wie groß die Scheu sein kann, sich dieser Komplexität zu stellen. Deshalb empfehle ich Erzieherinnen, die sich an anspruchsvollere Dokumentationsverfahren heranwagen möchten, sich zunächst eine ›Dokumentationspartnerin‹ ihres Vertrauens zu suchen. Dokumentationsteams von zwei bis drei Personen sind empfehlenswert. Von Seiten der Leitung sollte es unterstützt werden, dass die Miniteams sich zunächst zwei bis drei Monate lang mit ihren Dokumentationsversuchen nicht öffentlich präsentieren müssen, sondern sich gegenseitig zu ebenso gestrengen wie liebe- und humorvollen KritikerInnen werden:

- »Bei deinem Text versteh ich nur Bahnhof … Das klingt wie um den heißen Brei geredet.«
- »Dein Text sagt zwar die Wahrheit, aber so trocken, dass die Atmosphäre gar nicht rüberkommt.«
- »Weniger Fotos wären mehr – such mal nur die aus, die eine klare Aussage ermöglichen.«
- »Bezieh dich doch ruhig mal auf das Bildungsprogramm. Du musst ja nicht schleimen dabei – schreib einfach auf, was uns tatsächlich durch den Kopf gegangen ist.«
- »Du schreibst zu viel, was ihr gemacht habt. Schreib mal was darüber, warum und wie ihr es gemacht habt.«
- »Füg doch mal eine Zeichnung von Max ein. Gib ihm doch ruhig mal eine zum Thema in Auftrag, vielleicht hat er ja Lust dazu!«
- »Treffend, aber humorlos! Klingt, als willst du hier 'ne Examensarbeit an die Wand hängen. Denk mal an die Eltern und in welcher Situation die das lesen.«
- »Ich finde, du hast Nora gut beobachtet. Ich würde dem gern meine Alltagsbeobachtungen hinzufügen,

die würden deinen Blickwinkel, glaube ich, wunderbar ergänzen.«
- »Frag doch mal Luisas Mutter, wie das zu Hause ist. Das klingt mir so, als würdest du vorschnelle Schlussfolgerungen ziehen.«
- »In deinem Vorwort fehlt das Wichtigste: dass die Kinder deshalb so unruhig und später so müde waren, weil wir zuerst den Zug verpasst hatten und sie zwei Stunden warten mussten.«

Sind die Erzieherinnen allmählich zufriedener und sicherer mit ihrer Vorgehensweise, ihren Übungstexten und ihren Versuchsdokumentationen, ist es an der Zeit, die ›Geheimakten‹ weniger werden zu lassen und sich zu öffnen und zu zeigen.

Im Grunde wiederholt sich stets dieselbe Erkenntnis: Erwachsenenbildung ist von der Frühpädagogik nicht immer weit weg. Kinder sind anders. Aber nicht nur. Dass kleine Menschen ihre Lernvorhaben vor allem zu ihrem Allereigenen machen müssen, damit diese Freude bereiten und gelingen, ist zur Zeit in aller Munde. Ist es bei uns und unseren Lernvorhaben anders?

Zurück zur Praxis – zum Abschluss ein Vorschlag: Eine gemeinschaftliche Hosenbügel-Ausstellung könnte am Ende der vereinbarten Testphase der Miniteams stehen: Von jeder Gruppe im Haus werden einige DIN A3-Seiten darüber erstellt, was von den selbst gewählten Beschäftigungen in den letzten vier Wochen am spannendsten für die Kinder war und wie dieses Interesse von den Erzieherinnen unterstützt wurde. Die einzelnen Seiten können anschließend in den Giga-Ordner geheftet und mit der Überschrift »Abenteuer in Freiräumen« versehen werden. Mit Hilfe einer Mindmap lassen sich aus den durch die Dokumentation gewonnenen Erkenntnissen sinnvolle Pläne für die Gestaltung des pädagogischen Alltags der nächsten Wochen gewinnen.

Selbstbeobachtung als Starthilfe

Irrtümer der Selbstwahrnehmung sind leichter zu verantworten als Irrtümer in der Wahrnehmung anderer, insbesondere in der Wahrnehmung von Kindern. Aus diesem Grunde fange ich mit Erzieherinnen, die sich mit Beobachtung und Dokumentation beschäftigen möchten, gerne zuerst bei ihnen selber an. Wir alle sind mindestens so ähnlich, wie wir uns voneinander unterscheiden. Wer um die vielen interessanten Widersprüche und Rätsel weiß, die ihn selbst umtreiben, ist gelassener und vielleicht neugieriger bezüglich der Rätselhaftigkeiten und scheinbaren Widersprüche im Leben derer, die auf seine Hilfe angewiesen sind. Wer beobachtet, muss sich weit machen, nach innen wie nach außen, muss bereit sein zu staunen.

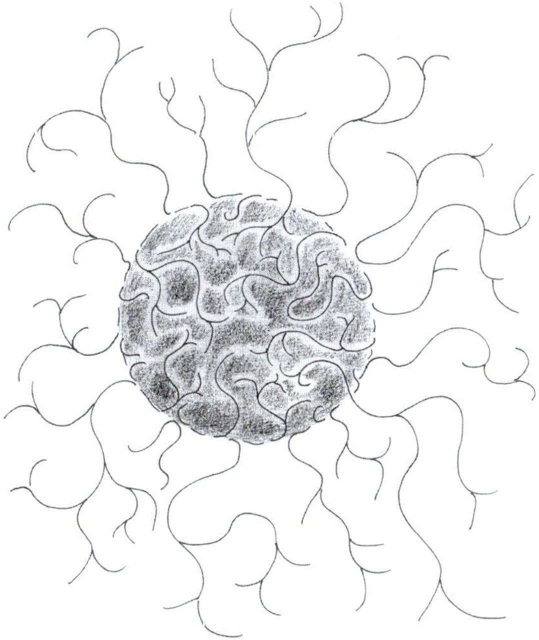

Wurzelfühler

Strätz und Demandewitz beschreiben, wie ein ganzes Team sich selbst mit der Fragestellung »Wie geben wir den Kindern Anerkennung?« unter die Lupe nimmt (vgl. Strätz & Demandewitz 2005, S. 55). Mir erschien das gesamte geschilderte Verfahren beim Lesen zwar überdimensioniert, aber die Bereitschaft der Erzieherinnen, sich selbst den Spiegel vor die Nase zu halten, hat mir Eindruck gemacht.

Den ›Verknüpfungssinn‹ entwickeln

Dokumentation und Selbstorganisation – Dokumentation und Kita-Organisation

Die Fähigkeit, den Sachverstand des einen Themenkreises mit der eines anderen zu verknüpfen oder sie auf diesen zu übertragen, ist jedem bekannt. Gerne bezeichne ich sie als Ergebnis eines gut funktionierenden ›Verknüpfungssinns‹. Besser noch als den funktionierenden Verknüpfungssinn kennen wir möglicherweise unsere entsprechende Unfähigkeit. Wir sehen das eine hier und sind dort für dasselbe blind. Von einem kurzen Weg zwischen Theorie und Praxis ausgehend, finden wir uns bisweilen auf ungeahnten Umwegen wieder. Maya und Azteken verwendeten das Rad zwar für Kinderspielzeug, nicht aber zum Transport der gewaltigen Lasten, die sie zur Errichtung ihrer berühmten Bauwerke benötigten. Als ich dies in einer Zeitungsnotiz las, war ich fasziniert. Das war mein Thema. Später recherchierte ich und erfuhr, dass es wohl nur deshalb so war, weil sie keine

Zugtiere hatten (aber warum bauten sie keine Handkarren?). Nun – das schöne Beispiel einer möglichen ›Verknüpfungblockade‹ ist durch die Recherche leider relativiert. Aus meinem eigenen Leben – und aus jedem beliebigen Kita-Alltag – könnte ich jedoch genügend andere Beispiele nennen.

Zeitmanagement ist Verknüpfungsmanagement

»Schöne Ideen – aber, wie und wann sollen wir das alles machen? Was hat Priorität? Wie wichtig ist die Form? Schreiben – im Garten?« Die guten Fragen sind oft die, denen eine gewisse Sachkenntnis vorausgeht. Die Erzieherin, die auf die eben geschilderte Weise fragt, kennt die Turbulenzen des Alltags, sie kennt ihre eigenen Schwächen und die des Betriebs. Sie weiß um die eine oder andere Ratlosigkeit bezüglich der Umsetzung des pädagogischen Auftrags. Dies ist eine gute Ausgangslage. Da wir u. a. Lernprozesse dokumentieren wollen und sollen, können wir unsere eigenen gleich mit einbeziehen. Eine Ausgangsmindmap (➛ Kap. Mindmaps) über all die Fragen zur Dokumentation ist hilfreich. Wenn die Fragen ohnehin da sind – nichts ist lohnender, als sie zu präzisieren. Erst dann können wir auf Antworten bestehen. Verknüpfen wir das Anliegen, mehr über die Entwicklungen aussagen zu können, die in unserer Einrichtung stattfinden, mit der Gelegenheit, mehr über uns und unsere gewohnten Arbeitsweisen zu erfahren.

Mir ist klar, dass sich, parallel zu der Formulierung differenzierter Bildungsaufträge, die Arbeitsbedingungen von Erzieherinnen zum Teil drastisch verschlechtert haben. Darüber möchte ich nicht blumig hinweg reden. Die Gleichzeitigkeit dieser Entwicklungen ist der Grund für manche Zynismen geworden. Wenngleich dies nicht Thema des Buches ist, mag ich doch darauf hinweisen, dass jeder Träger, nomen est omen, erhebliche Verantwortung dafür trägt, dass die Arbeitsbedingungen seiner Erzieherinnen den neuen Anforderungen, die an sie gestellt werden, angemessen sind. Sind sie es nicht, muss er sich dafür stark machen, dass es sich ändert.

Dennoch: Fast alle in diesem Buch beworbenen Ideen sind von mir in unprivilegierter Praxis erdacht, erprobt und weiterentwickelt worden. Ich habe nicht mehr gearbeitet als andere, sondern anders. Standard-Basteleien fielen weg zu Gunsten von Dokumentationstätigkeit. Keiner hat die Ersteren vermisst. Gewerkelt haben die Kinder trotzdem, ohne Unterlass, aber auch ohne erzieherisch invasives Zutun.

Jeder Erzieherin wird im Alltag großes Verknüpfungsgeschick abverlangt. Sie muss täglich ein überaus komplexes Aufgabenfeld bewältigen. Während sie das eine Kind tröstet, nimmt sie das andere entgegen, erinnert einen Vater an fehlende Windeln, hat das Teelicht im Blick, erlaubt den Kindern der Nebengruppe, sich Krepppapier herauszusuchen, räumt im nächsten Moment das Frühstück weg und versucht, sich an die Melodie des Liedes aus dem Theaterstück von gestern zu erinnern, damit sie es gleich mit den Kindern singen kann. Ihr Verknüpfungssinn ist demnach hoch entwickelt. Sie kann dieser Fähigkeit nun ›den Auftrag geben‹, sich auch auf unbekanntes Gebiet zu erstrecken. Ohne Eile, ohne Bequemlichkeit. Vielleicht, ich bin optimistisch, einfach aus Freude am Zugewinn der eigenen Kompetenzen heraus.

Bildungsfelder verknüpfen

Die Erkenntnis über die Notwendigkeit einer steten wissenschaftsnahen Weiterbildung von Pädagogen wird mittlerweile jede Erzieherin erreicht haben. Was Krankenschwestern und Physiotherapeuten schon lange eine Selbstverständlichkeit ist, wird nun auch in der Pädagogik zur Arbeitsgrundlage. Nur, steht der Erzieherin ein geeignetes Lernklima zur Verfügung? In der Kita? In der Fortbildung? Ebenso wenig, wie es förderlich ist, Kindern ›Bildung‹ eintrichtern zu wollen, ist es hilfreich, Heerscharen von Erzieherinnen in ›Weiterbildungen‹ zu instruieren, wenn das Entscheidende bisweilen fehlt: Die Möglichkeit zu innerer Verarbeitung, gestützt durch einen ehrlichen fachlichen Dialog. Die Möglichkeit zur Nachbereitung in einer Form, in der neue Inhalte kritisch zu eigenen Fragen umgewandelt werden können. Die Inhalte von Bildungsprogrammen für kleine Menschen müssen angemessen auf die Gestaltung der Weiterbildungsprogramme für große Menschen übertragen – und glaubwürdig mit diesen verknüpft werden. Nun, lassen wir uns durch die eine oder andere Ungereimtheit im Land nicht beirren. Alles ist in Bewegung. Sehen wir zu, dass wir uns für unsere Dokumentationsarbeit alles zu Nutze machen, was wir frei Haus kriegen können.

Verknüpfungsbeispiel 1

Kinder lernen »von der Seite« (Gerd E. Schäfer), indem sie andere Kinder in ihrem Tun mit höchster Aufmerksamkeit beobachten. Man hat den Eindruck, ihnen entgeht nicht eine Nuance der Art und Weise wie ihr ›Kollege‹ etwas zuwege bringt – einschließlich der vielleicht darin enthaltenen ›moralischen Abwegigkeiten‹ und seines einzigartigen Humors. Verknüpfen wir unser Gewahrwerden dieses entspannten Gewahrwerdens mit der Möglichkeit, selbst ›von der Seite‹ zu lernen und genauso entspannt und präzise hinzugucken, wenn wir etwas über die Kinder erfahren und es dokumentieren wollen.

Verknüpfungsbeispiel 2

Die Verbindungen, die zwischen der Tätigkeit des Dokumentierens und der Alltagsgestaltung mit den Kindern bestehen, erforschen. Wo gibt es thematische Überschneidungen?

- Erlernen Sie neue handwerkliche Techniken gemeinsam (z. B. einfache Buchbindetechniken) mit den Kindern.
- Kommen Sie mit den Kindern in ein echtes Gespräch (nicht nur Wortwechsel) über die Dinge, die sie gerade am meisten interessieren.
- Werten Sie die Lieblingsbetätigungen der Kindern mit diesen gemeinsam statistisch aus (➛ Wünschelstunden-Statistik).
- Entwickeln Sie gemeinsame Fragen (➛ Rätselalbum).
- Teilen Sie die Freude an den eigenen Alltagsgeschichten und halten diese fest (➛ Kap. Ökofernseher).

Verknüpfungsbeispiel 3

Ein Team hat sich vorgenommen, die einzelnen Bausteine seiner Tätigkeiten genau zu betrachten. Diese sollen aufgrund neuer pädagogischer Ideale auch neu bewertet werden. Alles Alte wird ohne Tabu hinterfragt. »Das war doch schon immer so!« gilt nicht. Die Idee ist die, alte Gewohnheiten auszumisten und das verbleibende ›Gute‹ auf intelligente Weise so zusammenzufügen, dass Freiräume für neue Ideen (oder gelungene Dokumentationen) entstehen (vgl. Lill 2004, S. 35). Der Verknüpfungssinn kann hierbei aufs Sportlichste herausgefordert werden; jedenfalls dann, wenn im Team Einigkeit über die Notwendigkeit von Veränderung besteht. Eine Anregung hierzu: Eine Mindmap über elementare Bedürfnisse der Kinder in der Einrichtung wird mit einer Mindmap über Ideen zur Raumgestaltung und Zeitplanung durch Linien verknüpft. Ist dies nicht möglich, stimmt was nicht, sollte doch der Raum als »dritter Erzieher« die Entwicklung der Kinder animierend und herausfordernd unterstützen.

Verknüpfungsbeispiel 4

Eigentlich eine Selbstverständlichkeit: Nutzen Sie Ihre eigenen Dokumentationen, um an ihnen die Entwicklungsthemen der Kinder abzulesen. Nutzen Sie die durch das Dokumentieren gewonnenen Informationen, um Ihren Gruppenraum im Sinne der ›vorbereiteten Umgebung‹ den derzeitigen Bedürfnissen der Kinder entsprechend zu gestalten. Nutzen Sie sie als Grundlage für Elterngespräche ebenso wie für die Planung der Angebote und Ausflüge, die Sie in nächster Zeit machen wollen.

Eine Pädagogin
hat viele Möglichkeiten:
eine Pädagogin hat viele Sprachen,
viele Hände,
viele Gedanken;
sie besitzt viele Weisen zu denken,
viele Weisen zu handeln,
viele Weisen zu sprechen.

Frei nach Loris Malaguzzi

Dokumentation und die Sinne

Sinnzusammenhänge sind sinnlich erfahrbare Zusammenhänge – und umgekehrt

Der Zusammenhang zwischen sinnlicher Wahrnehmung und kognitiven Fähigkeiten ist weitgehend bekannt. Nicht zuletzt in dieser Hinsicht: Wir lernen und erinnern einfach besser, je vielseitiger und angenehmer eine bestimmte Information mit anderen Eindrücken verknüpft ist. Das ist ein bisschen so, als würden wir lieber auf vier warmen als auf zwei kalten Füßen stehen. Je verzweigter die Eindrücke und je angenehmer und vielfältiger ihre Verbindungen zu bisherigen positiven Erfahrungen, desto stabiler und aktiver ist ihre Verwurzelung in unserem Bewusstsein. Um dies zu bestätigen, brauchen wir nicht die Ergebnisse der Gehirnforschung, wir brauchen nur unsere eigene Erfahrung. Dies ist der Grund, warum ich möchte, dass Dokumentationen stets eine sinnliche Brücke zu ihrem Thema schlagen.

Ästhetische Dokumentation

Der Begriff Ästhetik wird ebenso freizügig und vielseitig verwendet wie der Begriff Kreativität. Zur Klärung: er stammt von dem griechischen Wort aistanesthai – empfinden, wahrnehmen ab.

Wollen wir kluge Dokumentationen machen, müssen wir uns für unser Anliegen laufend ästhetisch sensibilisieren. An dieser Stelle soll es genügen, für eine erhöhte Aufmerksamkeit allen Wahrnehmungsbereichen gegenüber zu plädieren. Sie uns überhaupt als solche bewusst zu machen. Uns über Wahrnehmungsvorgänge mit Kolleginnen und Kindern zu unterhalten. Gemeinsame Kunstbetrachtung, besonders von moderner Kunst, ist hierfür ein guter Anlass. Denn dort, wo wir etwas nicht auf Anhieb verstehen (müssen), fällt es uns oft leichter, genau hinzugucken, zu assoziieren und neue Sichtweisen zu wagen.

Der Sinn für Schönheit, der für die meisten von uns bedeutsam ist, ist gegeben durch ein sensibles

Empfinden, also eine besonders sensible Wahrnehmung hinsichtlich bestimmter Bezüge zwischen Farben, Formen, Inhalten, Empfindungen, Ereignissen, Strukturen. Doch Schönheit ist nur eines von vielen möglichen Ergebnissen einer ästhetischen Auseinandersetzung mit einem Thema. Ästhetik hat vor allem damit zu tun, dass jemand eine in sich schlüssige Auswahl aus einem Meer an Eindrücken getroffen hat, d. h. in sich stimmige, passende Bilder, Formen, Farben, Wortwahl, Klänge, Strukturen, um die von ihm empfundenen Zusammenhänge aufzuzeigen und somit eine unverwechselbare Aussage zu machen. Die auch ›hässlich‹ sein kann.

Wahrnehmung wahrnehmen

Die Möglichkeit einer breiten, differenzierten Wahrnehmung der Welt durch die Sinne mit all den dazugehörigen Experimenten, Entdeckungen, Deutungen, Irrtümern, Verbindungen, Bedeutsamkeiten und Schlussfolgerungen ist nicht nur Voraussetzung für ein selbstbewusstes, selbstvertrauendes In-dieser-Welt-sein. Sie ist auch Voraussetzung für gelungene Beobachtungen und damit eine gelungene Dokumentation. An dieser Stelle möchte ich gerne noch einmal auf Schäfer, hier auf seine Ausführungen zur wahrnehmenden, entdeckenden Beobachtung hinweisen. Schäfer lenkt den Blick sowohl auf unsere allgemeine Wahrnehmungsfähigkeit dem Kind gegenüber und auf die unvoreingenommene innere Haltung, die als Voraussetzung für diese Fähigkeit gesehen werden muss, als auch auf unsere ›Wahrnehmung kindlicher Wahrnehmung‹ – als Grundlage jeder guten Beziehung. Hier können wir unmittelbar Anschluss an das vorherige Kapitel nehmen, denn es gilt nicht nur unseren eigenen ›Verknüpfungssinn‹ vor immer neue Herausforderungen zu stellen, sondern auch den der Kinder zu erkennen. Schäfer schreibt: »Wenn Kindern in der pädagogischen Arbeit komplexe Erfahrungen ermöglicht werden, sind sie in der Lage, aus dieser Vielfalt das auszuwählen, was für ihren aktuellen Erfahrungsprozess wesentlich ist und was auf ihre Handlungsmöglichkeiten zugeschnitten ist. Das Kind hat die Möglichkeit, durch das Auswählen vielfältiger Erfahrungen Komplexität herbeizuführen, die alle seine Sinne gleichzeitig herausfordern. Ebenso steht dem Kind die Möglichkeit zur Verfügung, aus der Vielfalt der Erfahrungen auszuwählen, um von sich aus die vorhandenen Komplexität zu reduzieren. Beide Formen beschreiben die Fähigkeit des Kindes, sich eigenständig einen Rahmen zu schaffen, um seine Erfahrungen zu vertiefen und mit dem Anforderungen der Umwelt konstruktiv umgehen zu können.« (AG Professionalisierung frühkindlicher Bildung 2005, Handbuch S. 28).

Der Sinn, der in der sorgfältigen Beachtung des steten Wechselspiels all unserer Sinne liegt, wird offenbar, wenn wir uns vorstellen, wie beharrlich jeder einzelne von uns seiner eigenen, sich aus seiner Wahrnehmung ergebenden Logik folgt. Wir machen uns einen Reim auf die Dinge, die wir spüren. Jeder zählt auf andere Weise eins und eins zusammen. Denn für jeden von uns ist die Eins ein Platzhalter für einen jeweils anderen Eindruck. Sich über diese unterschiedlichen Eindrücke und Erlebensweisen zu verständigen und sie einander ergänzen zu lassen, darin liegt die große Chance, die entdeckende, kreative Dokumentation zu bieten hat.

Begreifen und befummeln

Die im ersten Absatz dieses Kapitels genannten Erkenntnisse stellen auch ein weiteres Verknüpfungsfeld für unsere Dokumentationsmodelle selbst dar. Eine Dokumentation über ein bestimmtes Projekt sollte unmittelbare, sinnliche Verbindungen zum Thema aufweisen:

- Ein Leporello über die Holzwerkstatt hat möglicherweise einen Verschluss oder Anhänger aus Holz, der Arbeit eines Kindes.
- Ein Album über die Filzwoche enthält Filz.
- Ein Buch über das Arbeiten mit Draht ist vielleicht mit Draht gebunden.
- Die Mappe zum Nasenprojekt stinkt nach ...?

Wer eine Dokumentation in den Händen hält, die den Inhalt auch sinnlich erfahrbar werden lässt, fühlt, dass die Autoren etwas be-griffen haben – und dass sie dies unmittelbar mitteilen wollen. Sind unsere Eindrücke mit angenehmen Empfindungen verbunden, kehrt unser Geist oft und mit Freuden zu ihnen zurück. Wir werden unsere Dokumentationen sicher häufiger zur Auswertung und Planung pädagogischer Arbeit nutzen, wenn es uns Spaß gemacht hat, sie zu erarbeiten, und wenn wir unsere Produkte selbst gerne in den Händen halten, weil sie vielfältige Erinnerungen in uns wach rufen. Sinnliche Wesen sind wir. Je mehr wir darauf eingehen, desto mehr werden wir unserem Wesen gerecht; desto freudiger wird es sich entfalten.

Mindmaps

Landkarten des Denkens

»Der gerade Weg ist der kürzeste,
aber es dauert meistens am längsten,
bis man auf ihm zum Ziel gelangt.«

G. Chr. Lichtenberg

Das Kapitel ›Mindmaps‹ dient nun als wortarmer Übergang zum Thema Schreiben. Denn Mindmaps machen wenig Worte. Mindmapping ist eine mir mittlerweile unersetzlich gewordene Methode des Entwickelns und Auswertens von Ideen und Ereignissen – mit oder ohne Kinder. Sie ist insbesondere geeignet zur vor- oder nachbereitenden Dokumentation von Projekten, Situationen, bestimmten Angeboten, situationsgerechter Raumgestaltung und Prozessen der Konzeptionsentwicklung.

Wer die Methode des Mindmappings als Denk- und Dokumentationshilfe für sich entdeckt hat, wird merken, dass der Anwendung auch auf anderem Gebiet kaum Grenzen gesetzt sind. Für das einzelne Kind: Was ist zur Zeit sein großes Thema? Was könnten wir tun, um ihm genug ›Nahrung‹ zur Bearbeitung seines Themas zu geben? Für die Kindergruppe: Was machen wir dieses Jahr an Fasching? Womit haben wir in der letzten Woche beschäftigt? Statt Worte können Bildchen gekritzelt oder eingeklebt werden. Für die Zusammenarbeit mit den Eltern: Mindmaps in Form von Wandzeitungen laden alle Kita-Nutzer dazu ein, mitzudenken und dies auch sichtbar zu machen. Wie soll der Garten umgestaltet werden? Welche Ideen haben wir für das nächste Straßenfest? Die Themensammlung findet bereits statt, bevor man sich zusammensetzt. Über die gemeinsame Auswertung einer Mindmap kommt man hervorragend ins Gespräch. Ist eine Sache abgeschlossen, kleben wir das Foto der Ausgangsmindmap vorn in unsere Dokumentation hinein und sparen uns so die Hälfte vom Vorwort.

Mindmapping – wie geht das?

Mindmaps sind Abbildungen von Denkprozessen einer oder mehreren Personen. Sie sehen tatsächlich ein wenig wie Landkarten aus. Ein kleiner Notizblock oder ein 2 x 2 m großes Plakat – alle Größenordnungen sind denkbar. Die Aufzeichnungen beginnt man mit einem, wenn möglich bildlich dargestellten, thematischen Zentrum. Geht es um die Vorbereitung oder Auswertung eines Feuer-Projekts, würde man ein kleines Feuer in die Mitte zeichnen. Von diesem ausge-

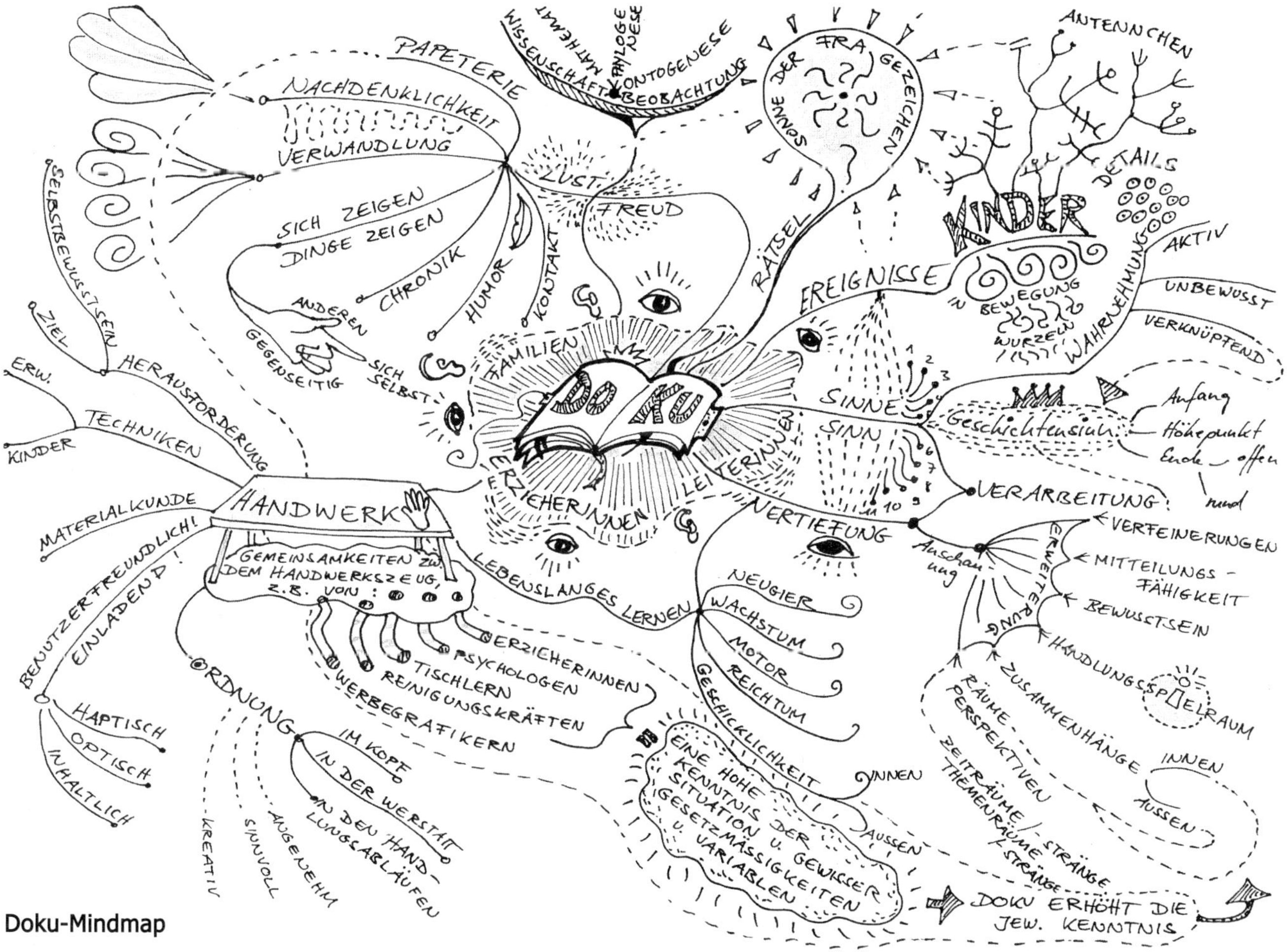

Doku-Mindmap

hend, verzweigen sich alle weiteren Gedanken und Notizen in sämtliche Richtungen gleich einem Wurzelwerk oder einer Baumkrone. Die Idee ist zum einen, eine Form des Notierens zu benutzen, die unserem sich ständig neu und vielfältig verknüpfenden und verästelnden Denken entspricht: Denken ist kein linearer Prozess, warum also immer linear notieren? Die Idee ist zum anderen, Gedanken einfach wachsen zu lassen. Scheinbar Unpassendes nicht von vorne herein auszumisten. Oft liegen im scheinbar Beiläufigen interessante Verknüpfungspunkte und damit kreatives Potential. Die vielfältige ›Landschaft‹ eines Themas wird bei Bedarf erst hinterher mit ordnenden Linien versehen. Bestimmte Bereiche können farbig oder durch Schraffur hervorgehoben werden. Bei Planungsmindmaps z. B. jene, die nach eingehender Prüfung auch umgesetzt werden sollen. Der Rest bleibt einfach stehen und ist munterer Zeuge unserer Assoziationsfähigkeit und Fantasie. Der Blick auf eine gelungene Mindmap bündelt und öffnet ein Thema zugleich. Deshalb wirkt er inspirierend.

Von der Schrift zum Zeichen

Nur 10 % dessen, was in unserem Gehirn abläuft, sind verbale Prozesse, der Rest sind vor allem Bilder. Dies können wir uns zu Nutzen machen. Schriftzeichen sind nicht immer das Mittel der Wahl, schon gar nicht in der Arbeit mit Kindern. In Bildern sind auf dichtestem Raum eine Vielzahl an Informationen und Aussagen erhalten. Bilder prägen sich unmittelbar und nachhaltig ein. Um eine bildhafte Mindmap anzufertigen, müssen wir keine Maler sein. Das Gekritzel, das wir beim Telefonieren auf unseren Schreibunterlagen hinterlassen, ist mit dem berühmten ›Singen in der Badewanne‹ vergleichbar. Fügen wir unseren Mindmaps kleine bildliche Darstellungen ein, egal, ob ›kritzelig‹ oder ›gekonnt‹, bleiben sie uns lange und detailliert in Erinnerung.

Die Doku-Mindmap entstand, als ich angefangen hatte, über die Entstehung dieses Buches nachzudenken. Mit ihr habe ich alles notiert, was ich gerne in der Publikation unterbringen wollte. Während der Monate, in denen ich an dem Skript für das Buch schrieb, hing sie über meinem Schreibtisch und gab mir auf kleinster Fläche Orientierung. Angeregt hatte mich die Mindmap eines Ornithologen, der auf diese Art sein gesamtes Lebenswerk auf einer einzigen Seite abbilden konnte. (Zur Idee, Denkprozesse konsequent radial, statt linear und listenförmig zu notieren, vgl. Buzan & Buzan 2005.)

Grundregeln des Mindmappings

Mindmaps sind keine Sonnen! Ich schicke diese Aussage vorweg, weil ich immer wieder Mindmaps sehe, deren ›Arme‹ strahlenförmig und gradlinig von der Mitte abgehen und damit doch wieder das lineare Prinzip verkörpern. Eine gerade Linie suggeriert: Es geht von A nach B und zwar auf dem kürzesten Wege. In Mindmaps verschaffen wir jedoch unserem Denken Luft, indem wir geschwungene, suchende Linien verwenden, wie sie in allen lebendigen Organismen zu finden sind. Umwege erhöhen die Ortskenntnis. Mindmaps sind dazu da, ein Gebiet ›abzugrasen‹, es in seiner ganzen Größe, Komplexität und möglicherweise Widersprüchlichkeit abzubilden. Mindmapping ist damit das Gegenteil eines Von-A-nach-B-Verfahrens. Um eine Mindmap dennoch ebenso übersichtlich wie ansprechend zu gestalten, lohnt es sich, die folgenden Regeln einzuhalten:

- Auf jede neue Linie nur ein bis zwei Worte schreiben
- Großbuchstaben und Druckschrift verwenden (Lesbarkeit)
- Worte horizontal schreiben (Lesbarkeit)
- Farben und Bilder verwenden; Farben und Bilder sind gebündelte Informationen und können bestimmten Sachverhalten mehr Ausdruck verleihen.

Meine Empfehlung: Bevor Sie in der Kita mit Mindmaps arbeiten, probieren Sie doch zu Hause einfach erst einmal eine ganz für sich aus. Ihnen fällt kein Thema ein? Ein Vorschlag: »Welche Bedeutung hat mein Zimmer bzw. meine Wohnung für mich? Was gibt sie mir, was gibt sie mir (noch) nicht?«

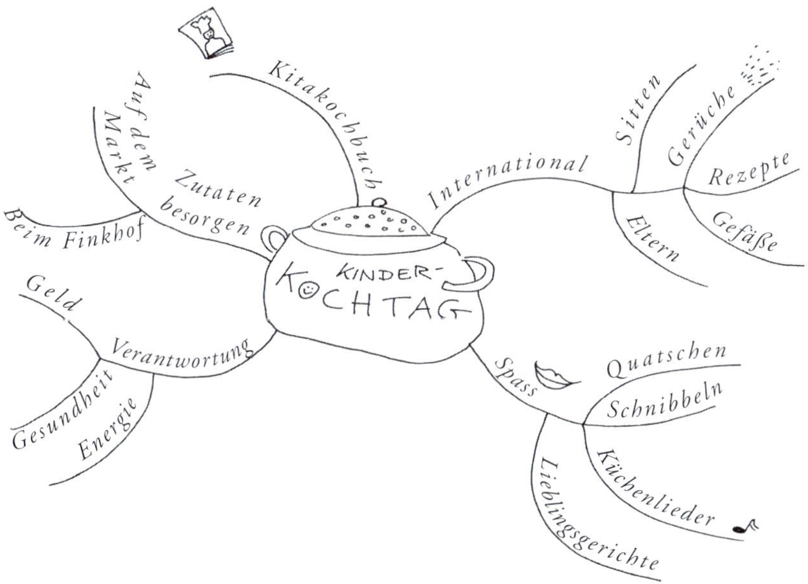

Mindmap

Kreatives Texten als Wahrnehmungshilfe

Mit den Mindmaps sind wir bereits minimal auf das Terrain des Schreibens vorgedrungen. In Kindertageseinrichtungen ist Texten und Schreiben kein leichtes Thema. »Schreiben ist nicht mein Ding. Ich glaub, ich hab von zehn Jahren meinen letzten Brief geschrieben!«. Äußerungen dieser Art begegnen mir in Fortbildungen auf Schritt und Tritt. Ich muss zugeben, dass mich das manchmal etwas vor den Kopf stößt. Meine Berufsgruppe, eine (schrift)sprachlose Gruppe? Einerseits lässt sich dieses Phänomen unschwer aus der Geschichte des Berufs begründen. Andererseits: Wer sein Image pflegen und Professionalität zeigen will, muss sich doch zu Wort melden, Profil entwickeln, Profil zeigen!

Bildmaterial ohne Zusatz von Text kann auf die unterschiedlichste Weise gedeutet werden. Wie sehr sich der Blickwinkel der Betrachter unterscheidet, versteht auf Anhieb, wer zur Bedeutung ein und desselben Fotos mehrere Leute befragt. Jeder sieht etwas anderes. Wenngleich wir genau wissen, welche Geschichte, welches Thema wir mit unserem Bildmaterial vermitteln wollen, unser Gegenüber weiß es noch lange nicht. Wir müssen auf Unsichtbares, Unscheinbares und auf Details verweisen. Auf das Davor und das Danach. Wir müssen unsere Sache erzählen. Wer schreibscheue Menschen zum Schreiben ermuntern will, sollte vorab die Gründe für Unlust und Un-Mut analysieren.

Schreiben ist tatsächlich eine intime Angelegenheit. Die »Was-interessiert-mich-mein-Geschwätz-von-gestern-Haltung« (Konrad Adenauer) ist im Schwarzaufweißbereich nicht mehr möglich. Man legt sich – für eine Weile – fest. Da Geschriebenem zu Recht eine gewisse geistige Vorarbeit unterstellt wird, lässt sich die Schreibende also in ihre geistige Tätigkeit blicken – oder eben auch nicht, und dann ist es Blöff und Blabla, eine Sache, die alle Erzieherinnen hassen. Wie also kommt man zu gehaltvollen Aussagen? Der einfache, aber wichtige Hinweis, genau die Dinge aufzuschreiben, die man einerseits wahrgenommen und die man andererseits gedacht oder erfragt hat, soll auch hier nicht fehlen. Doch dazu werden in guten Fachbüchern über Beobachtung und Dokumentation nützliche Hinweise gegeben. Ich möchte, ergänzend, andere Pfade beschreiben. Verblüffend kernige kleine Texte entstehen z. B., wenn eine Erzieherin ins Sprudeln gerät, weil sie eine Methode an die Hand bekommen hat, die ihr die Schwellenangst zum Land der Worte nimmt. Und schnell wird klar: jede Erzieherin hat etwas Unverwechselbares über ihre Arbeit zu sagen. Im Folgenden werde ich einige einfache Methoden vorstellen, die geeignet sind, sowohl sich selbst, als auch die Kinder und die Lebensrealität Kita schreibend besser kennenzulernen. Die einzelnen Verfahren brauchen nicht viel Zeit – dennoch sind sie geeignet, zur Ruhe zu kommen und sich auf Wesentliches zu konzentrieren. Keinerlei Vorerfahrungen sind nötig. Spannender Ergebnisse können Sie sich sicher sein.

Weitere Anregungen zum Kreativen Schreiben finden sich bei Brenner (1990). Wer sich lieber mit den Grundregeln des gewöhnlichen Schreibens befassen möchte, dem sei die »Schreibwerkstatt für Erzieherinnen« (2001) empfohlen.

Kopfkraut

Zeichnen Sie den Umriss eines Kopfes auf ein Blatt Papier (mindestens DIN A4). Nehmen Sie sich Drei Minuten Zeit und schreiben Sie in rascher Folge alle Worte und Gedankenschnipsel in den Kopf, die Ihnen im Moment einfallen. Betrachten Sie Ihren Kopf wie einen Garten, in dem alles Mögliche gleichzeitig wächst. Keine Zensur, keine Wertung! Sie können dem Verfahren bei Bedarf auch eine Überschrift geben: ›Abholsituation‹ oder ›Elternabend‘. Lassen Sie sich von Ihrem Denken überraschen. Pusten Sie unangenehme Gedanken nicht weg, sondern fangen Sie sie ein, betrachten Sie sie. Vielleicht wollen sie gezähmt werden.

Sprechende Namen – Grüße aus der eigenen kindlichen Vergangenheit

Jede Erzieherin bringt ein Kinderfoto von sich mit. Den Anfangsbuchstaben ihres Namens entsprechend schreibt sie einige Sätze unter jedes Bild, nämlich darüber, was ihr als Kind besonders angenehm und wichtig war.

Anne Weidner

A m See sitzen, mit Oma, Himbeersaft und Knäckebrot
N achts zu Mama ins Bett kriechen
N elken in Orangen stecken
E klige Sachen sehen und laut »Iiiiih!« schreien

W inter mit Schnee (war selten)
E rdbeerkuchen!
I m Garten allein rumkruschteln
D en Teiglöffel ablecken
N achts den Wind in der Birke hören
E ine beste Freundin haben ohne es zu merken
R osa Regenschirm und Gummistiefel

Sich einen Zugang zur eigenen Kindheit zu erhalten oder wieder freizulegen ist eine der grundlegenden Bedingungen für eine warme, achtsame Pädagogik. Dokumentiert ein Team mit einer solchen Foto-Text-Wand die Summe der eigenen kindlichen Erfahrungen, lädt es damit auch die Eltern ein, sich an ihre Kindheit zu erinnern. Besser kann ein Austausch über kindliches Erleben kaum angeregt werden.

ABC-Dokus, ABC-Geschichten

Auf ähnliche Art wie mit den ›Sprechenden Namen‹ lassen sich ganze Projektwochen per ABC-Methode beschreiben. Diese simple Form und die Begrenzung des Umfangs auf 26 Sätze haben bislang noch jede Nichtschreiberin aus der Reserve gelockt. Zu jedem Buchstaben des Alphabets muss ein Satz gebildet werden.

A uf dem Spielplatz

B ei Nieselwetter im Sand, das mögen die Kinder – ganz still und aufmerksam sind sie.

C haotisch wird's dann erst nachher beim Umziehen.

D och die Aktion lohnt, das seh ich an den roten Backen.

E igentlich ist nur das Herumsitzen auf den Bänken für uns Erzieherinnen ungemütlich.

F örmchen füllen, Kuchen backen, Sand sieben – warum ist das für ALLE Kinder so interessant?

G litschig, körnig, bröselig, klebrig, schwer, formbar, eigenwillig, voller Fundstücke: der Sandkasten.

H eut sind alle so vertieft in die Bearbeitung des Bodens – nur Ruben guckt immer wieder nach den Vögeln

I rgendwie interessiert sich gar niemand für die Schaukeln.

J edoch nachher, wetten, wenn wir gehen: zum Abschluss wollen immer alle dieses Schwunggefühl.

K indergärtnerinnenparkbankhockereien; wenn die Leute uns sehen, denken sie, wir haben nix zu tun.

L esen, z. B. Fachzeitschriften, darf man aber auch nicht, sonst denken die, wir passen nicht auf.

M uss man sich wirklich abhängig machen von dem, was die Leute denken könnten?

N ie hätt ich gedacht, dass mich dieser Beruf derart herausfordert.

O h, da schlägt einer auf die Mädels ein, ich muss unterbrechen.

P ass auf, aber lass los. Sei aufmerksam, erlaube Nischen!

Q uengeln tut heut gar niemand, alle scheinen ganz in ihrer Kraft zu sein.

R ings um den Spielplatz kündigt sich der Herbst an; schön ist das.

S ie sind eine stete Einladung an die Sinne, die Jahreszeiten.

T rotzdem stimmt was nicht, wenn sich das ganze Kitajahr nur nach ihnen und den Kirchenfesten richtet.

U nter Umständen sollten wir darüber mal reden.

V iele viele andere Themen warten auf unsere nähere Betrachtung – uff.

X Kinder sind plötzlich zusammen auf der Rutsche: Rutschgruppendynamik.

Y eah, die haben wirklich Spaß!

Z auselig-feucht sehn sie jetzt aus, ich glaub wir sollten langsam gehen …

Die ersten ABC-Geschichten eines Teams enthalten oft mehr Witz als Wahrheit. Das ist auch ganz in Ordnung so. Wichtig ist es dennoch, darauf hinzuweisen, dass sich Spaß an der Form keineswegs in Ulk ausdrücken muss. Das ABC-Verfahren kann benutzt werden, um leichtfüßig einer bestimmten Frage auf den Grund zu gehen, um Alltagsrituale auf ihren Gehalt hin abzuklopfen oder die Wünsche einer Gruppe an ihr diesjähriges Sommerfest herauszufinden.

Freikus statt Haikus

Das Haiku ist ein kurzes japanisches Gedicht in einer bestimmten rhythmischen Form. Es erlebte nach 1650 eine erste Hochblüte und ist heute in Japan eine Art Volkssport. Für die Komposition eines Haikus gelten die folgenden Vorschriften: Begrenzung auf drei Zeilen; die erste Zeile hat fünf Silben, die zweite Zeile sieben Silben, die dritte Zeile wieder fünf Silben; konzentrierter Ausdruck, z. B. einer Stimmung, eines überraschten Bemerkens – wenn möglich mit Bezug auf die Jahreszeit. In vielerlei Hinsicht sind Haikus geeignet, um eine Form für die Mitteilung ungerichteter Beobachtung zu finden; besonders dann, wenn wir das Gefühl haben, dass diese Beobachtung uns etwas Essentielles über das Kind mitteilt. Da die wenigsten Erzieherinnen jedoch Dichterinnen werden wollen und da ich niemand, der es nicht will, dazu auffordern mag, stundenlang Silben zu zählen, schlage ich eine gelockerte Form vor: Freikus statt Haikus. Weder Silben noch Zeilen werden gezählt. Das konzentrierte Wesen von Haikus und die ›Einbettung in die Umgebung‹ sollte jedoch versucht werden. Hier einige Freiku-Beispiele:

Nora

Hoch auf dem dicken Ast, Blick in die dünneren.
Mit jeder Faser weiß sie, wo und auch
wie sie hin will. Redet nicht viel.
Wächst wie ein Baum, mit den Bäumen.

Lara

Unvermischt mittendrin.
Traube von Kindern im Schwungtuch:
Laras Stimme über dem Meer aus Gekicher – wie Vogelgesang.
Gerne lässt sich die Gruppe von Laras Ideen verlocken – kein Befehl liegt darin.
Sie sind leicht, wie Gräser im Wind.

Bela

Unterm Schrank ist es dunkel.
Doch im Schutze des Verstecks sieht er alles.
Ist für sich – und doch dabei.
Kommt zur Ruhe.

Natürlich liegen in einem Freiku Beobachtung und Empfindung der Beobachterin eng ineinander. Warum auch nicht – dessen muss man sich nur bewusst sein. Freikus sind unter Umständen persönliche Dokumente der Erzieher-Kind-Beziehung, die nicht unbedingt im Flur ausgehängt werden, sondern einfach bei den Notizen oder im Portfolio landen.

Gruppenlied und Gruppenrap

Dieses Verfahren ist etwas für Menschen, die gerne reimen oder dies mit den Kindern lernen wollen. Beim Reimen geht es bekanntlich – außer um den jeweiligen Inhalt – um das klanglich und rhythmisch harmonische Zusammenfügen der Bausteine Wort und Silbe. Besonders beim Gehen, unterstützt durch den Rhythmus der Schritte, kann das Reimen mit Kindern großen Spaß machen. In jeder Einrichtung gibt es ungeahnte Talente. Wo sie entdeckt werden, kann das ›Herumgereime‹ zur Sucht werden.

In der SchülerWerkStadt e. V. haben wir seit vielen Jahren ein sogenanntes ›Endloslied‹. Da jedes unserer Kinder kurz nach der Aufnahme eine eigene Strophe bekommt, hat das Lied mittlerweile eben ›endlos‹ viele Strophen. Sie beschreiben jeweils ein Stück ›Schüligeschichte‹ dieses Kindes, werden von allen heiß geliebt, immer sofort auswendig gelernt und bei jeder guten Gelegenheit gesungen. Wer mit seiner Strophe nicht (mehr) zufrieden ist, kann sich eine neue wünschen und sogar Stichpunkte liefern, was darin vorkommen soll. So werden außer den schönen Geschichten auch die Bilder – und die Wunschbilder – der Kinder von sich selbst dokumentiert.

Annabell, die wilde Hummel, summt im ganzen Schüli rum.
Was sie anfasst, wird geordnet, wenn sie bauchtanzt, haut's ein' um.
Gern erzählt sie, auch der Lina, was sie denkt und was sie macht,
blubb-blubb, seht mal wie beim Tauchen sie auch unter Wasser lacht!
Schaut, man **Mira** in die Augen, ahnt man, dass sie alles checkt.
Die Gedanken, wie sie sprudeln … dieses Kind ist aufgeweckt!
Hat bei Oma einen Kater, den sie reitet und verehrt,
kennt ein Schnurrepferd, zum Streicheln, oder war das umgekehrt???
Peter ist ein rechter Wirbel, ja ein Wirbelzwirbelwind,
auf dem Fußballfeld ein Flitzer, doch beim Schach: bedachtes Kind!
Schmiedet Päne, macht Entwürfe, setzt Ideen in Lego um …
Hat man einmal mit ihm Ärger, nimmt er es nicht lange krumm!
Seht, die **Frauke**, wie sie klettert, wie sie turnt und wie sie rennt.
Dieses Mädel ist wie Gummi und dazu noch so patent!
Fällt sie rückwärts in 'ne Pfütze, baut sie gleich 'nen Looping ein;

Handstand, Radschlag, Akrobatik… wie sie's macht kapiert kein Schw…
Refr.: Schü Schü Schü Schüüüüler Werk Stadt (klatsch) e.V.
wenn de weißt, was de willst, biste ganz genau
da, wo du hingehörst
und immer schlauer wirst
dideldum dideldum dideldumm dideldum…

Für die Entwicklung einer Melodie findet sich eigentlich immer jemand – bei Ratlosigkeit ruhig unter den Eltern herumfragen. Oder eine klauen.

Diktate von Kindern

An anderer Stelle habe ich bereits die Bedeutung von ›offenen Gesprächen‹ mit Kindern betont. Diese Unterstreichung mag merkwürdig erscheinen, da Gespräche mit Kindern doch als selbstverständlich betrachtet werden. Aus meiner Beobachtung in Kindertagesstätten heraus muss ich sagen, dass ich leider selten Zeugin von freimütigen längeren Gesprächen zwischen Erwachsenen und Kindern geworden bin. In Morgenkreisen wussten die Erzieherinnen häufig schon vorher, was das Ergebnis der Unterredung sein sollte. Eigenwillige Ausführungen der Kinder, z.B. zum Thema Geburt, ließen die Erzieherinnen zwar gelten, griffen die Gedanken der Kinder aber selten auf, ohne sie in Richtung ihrer geplanten Ausführungen zu lenken. Auf diese Weise erfahren wir wenig über die Vorstellungswelt des Kindes. Eine einfache Methode, um sich selbst Zurückhaltung zu gebieten und die Gedankengänge der Kinder einzufangen, ist das Diktat – verkehrt herum. Das Kind diktiert der Erzieherin, was sie schreiben soll. Wortwörtlich. Entweder in Anbetracht eines bestimmten Bildes oder auf die Frage hin, wo die Sonne eigentlich in der Nacht hingeht… oder beim Gucken des Videos über die Wasserspiele der letzten Woche. Die meisten modernen Handys verfügen über ein Diktiergerät. Es ist ein Leichtes, beim Morgenkreis die eine oder andere Aufzeichnung zu machen und die Sätze später zu notieren. Vom ›Anekdotenohr‹ ist abzuraten. Wie viele Jahrzehnte wurden die Lebensäußerungen der Kinder vorwiegend von Kuriositätensammlern eingefangen und publiziert? Nichts gegen erwachsenes Schmunzeln. Doch wollen wir etwas über die Gedanken und Deutungen der Kinder erfahren, müssen wir unsere Ohren etwas weiter machen.

Dokumentation ohne Grenzen

Wir sind mit vielerlei informationsverarbeitenden Wahrnehmungsorganen ausgestattet. Warum also vornehmlich über das geschriebene Wort und das Bild, also das Auge kommunizieren? Zwar stehen visuelle Dokumentationen im Zentrum dieser Publikation, auf Ergänzungsmöglichkeiten möchte ich an dieser Stelle jedoch zumindest hinweisen. Wie wäre es mit einer Audio-Dokumentation in Rätselform? Welche Geräusche gab es denn im Museumsdorf Düppel? Wie klang der Webstuhl? Welche Geräusche vernahmen wir in der Schmiede? Wie anders muss die Welt damals geklungen haben! Wie klingt sie denn heute, hier? Wie hat sich unser Morgenkreis eigentlich am Anfang dieses Kita-Jahres angehört – und wie wortreich unterhalten wir uns jetzt!

Die Spirale der Inspiration: aus manch pfiffiger Dokumentationsidee erwächst ein neues Projekt, und manch spannendes Projekt erfährt eine zweite Krönung dadurch, wie es dokumentiert wird. Beispiele? Vorschläge? Wie wäre es denn mit einer Tast-Dokumentation: »Uns zu Füßen!«? Der Erdboden rings um die Einrichtung ist so vielgestaltig. Alle ›Bodenschätze‹, von Sand bis Lehm, werden auf Kärtchen verrieben und in Reihe gesetzt. Fotos und Text zur Situation des Sammelns, Grabens und Hinguckens spielen die Rolle des erklärenden Begleitmaterials. Im Zentrum steht jedoch der sinnliche Eindruck, der uns auf den Boden der Fund- und Tatsachen holt.

Dreidimensionale Werke der Kinder können als temporäre Ausstellungen in kleinen Vitrinen (gut beleuchtet und ›betextet‹) exponiert und anschließend in Schatztruhen (kaschierte Schuhkartons) gesammelt werden. Allerdings haben die meisten Kitas an dieser Stelle ein Platzproblem und machen deshalb lieber Fotos von den Objekten.

Ein großer Fan von Videografie durch Erzieherinnen bin ich nicht. Wer filmt, ist während seiner Tätigkeit mit der Kamera ›verheiratet‹ und für die Kinder weit weg oder sie sind durch die Technik fasziniert und abgelenkt. Wenn ja, dann sollte dies auch begrüßt und genutzt werden. Die Filme können nicht, wie Fotos, nebenbei angesehen werden. Selten bringen sie etwas auf den Punkt und selten hatte ich bei Laienvideos das Gefühl, mein Blick mit bloßem Auge wurde tatsächlich bereichert. Ausnahmen gibt es natürlich. Und auf Elternabenden mag ein Video allen Beteiligten ab und an einen erfreulichen ›Blick durchs Schlüsselloch‹ gewährleisten.

Macht und Fracht der Geschichten

Wer dokumentiert, wählt aus. Wer Lern- und Lebensgeschichten aufschreibt und Dokumente dafür aus dem Alltag herausfischt, wählt aus. Wer einen persönlichen Brief schreibt, wählt aus allem, was er in letzter Zeit erlebt und gedacht hat, aus. Wir bauen uns unsere Geschichten über uns selbst und andere durch Hervorhebung und Nichtbeachtung bestimmter Vorgänge. Es geht gar nicht anders. Der stete Fluss an Gedanken, Handlungen und Wahrnehmungen wäre nicht zu erzählen. Doch Achtung: In der Auswahl dessen, was beschrieben wird, liegt Macht. Der Einfluss des Bildes, das von mir entworfen wird, auf mein Verhalten ist groß. Wir sind soziale Wesen und wollen unsere Rolle finden. Wir wollen beweisen, dass wir entweder tatsächlich so sind, wie man uns sieht, oder noch ganz anders sein können, als man uns sieht, oder ... Wir wollen Kontakt. Wir docken an die Vorstellungswelten, die andere von uns haben, in jedem Fall auf irgend eine Weise an.

Das Tal der Wahl

Für uns selbst bedeutet der Vorgang des Betonens und Vernachlässigens von einzelnen Bereichen unserer Persönlichkeit, die aktive Gestaltung unseres Selbstkonzeptes und unserer Beziehungen. In aller Regel befinden wir uns dabei auf einer lebenslänglichen Grat- und Talwanderung zwischen unmittelbaren Empfindungen – und ihrer Anpassung an die Erwartungen unserer Umwelt. Die Erzieherin, die die Entwicklung eines Kindes dokumentiert und damit die Eltern auf die von ihr wahrgenommenen Besonderheiten des Kindes hinweist, hat eine ungeheure Verantwortung. Sie konstruiert durch die Auswahl dessen, was sie bemerkenswert findet, die ›Kitageschichte‹ dieses Kindes. Das tut sie zwar schon immer, bislang vielleicht nur verbal. Durch das schriftliche Dokumentieren ihrer Wahrnehmungen bekommen die Selektionen jedoch erheblich mehr Gewicht. Die entsprechenden Dokumente bleiben dem Kinde u.U. ein Leben lang erhalten. Blickt es als Erwachsener auf seine ›Bildungsbiografie‹ aus dem Kindergarten, wird es unschwer zwischen den Zeilen lesen können, mit welchem Blick seine Erzieherin es damals begleitet hat. Nur mit Blick auf die Kompetenzen? Ich weise gerne auf Korczaks Frage hin, die uns immer auf Trab halten wird, weil sie so schön schwer zu beantworten ist: »Wer bist du?« empfiehlt er uns, das Kind im Stillen zu fragen. Diese Frage meint den ganzen Menschen.

Mögliche Verhängnisse

Manchmal wird mir ziemlich mulmig, wenn ich mir die vielen möglichen Verhängnisse vorstelle, die beim derzeitigen, eigentlich begrüßenswerten Dokumentationsboom sicher nicht ausbleiben werden. Ein Beispiel: Eine engagierte Erzieherin schreibt für jedes ihrer Kinder vor den Sommerferien ein paar persönliche Zeilen darüber, wie sie es erlebt hat. Es ist gut gemeint, und sie tut es jedes Jahr. Sie legt diesen kurzen Texten einige Fotos bei und übergibt beides den Eltern in einem bunten Umschlag – zur Erinnerung. Eines Tages erhalte ich Gelegenheit, Einblick zu nehmen. Eine Mutter zeigt mir den ihrem Sohn zugedachten Text. Ich habe ihn nicht mehr vor mir, doch ich erinnere ihn etwa so (den Namen habe ich geändert): »Mirco ist ein kleiner Schlawiner und ganz den irdischen Genüssen verhaftet. Sein kleiner süßer Bauch zeugt von Mircos Unlust, sich zu bewegen, und seiner Freude am Essen. Mirco ist noch sehr verträumt und zudem sehr anhänglich…« Die Mutter hatte Scheu, sich zu beschweren, da der Brief so liebevoll gemacht worden war. Aber sie war eigentlich außer sich. Mit Recht.

Geschichten sind Interpretationen

Die Gefahren des Dokumentierens hatten sich mit dieser ›Geschichte‹ schlagartig vor mir aufgetan. Die Möglichkeit eines durch gedankenlose Dokumente gedemütigten Kindes steht tatsächlich unmittelbar neben der pädagogischen Chance, die sich durch das Dokumentieren seiner besonderen Weise, in die Welt zu gehen, ergibt. Der Psychologe Daniel N. Stern hat in seinem Tagebuch eines Babys anschaulich beschrieben, wie das Kind in seinem dritten Lebensjahr anfängt, »von seinen Erlebnissen und allem, was ihm widerfährt, zu berichten und es zu seiner eigenen biografischen Geschichte (zu) verknüpfen« (Stern 1991, S. 135). Manches von dem, was Stern hier beschreibt, trifft auch die dokumentierende Erzieherin zu. Er schreibt: »Es scheint in der Natur des Geistes zu liegen, dass wir für alles, alles was uns und anderen widerfährt, nach Erklärungen suchen. Zwischen unseren extrem unterschiedlichen Einzelerfahrungen existiert meist nur eine lockere Verbindung, und der von uns unterstellte Zusammenhang beruht oft lediglich auf den äußeren Umständen oder bloßen Zufällen. In dieser unübersichtlichen Situation sucht unsere Ratio nach sinnvollen Anhaltspunkten für einen köhärenten, umfassenden, schlüssigen und nachvollziehbaren Zusammenhang zwischen den einzelnen Elementen« (Stern 1991, S. 137). Und dieses Suchen der Ratio sollte nicht vorschnell durch Pseudoerklärungen abgekürzt werden.

Fragen und Entwürfe

Im Widerspruch zu meiner Klage über die wenig schreibende Erzieherin ist weniger also manchmal auch mehr. Versuchen wir Beobachtungen, die wir nicht verstehen, weil sie uns im Grunde nur in Staunen oder in eine unangenehme Gefühlsregung versetzen, nicht zu ›beschriften‹, nur weil sie auf keinen Fall ohne Titel bleiben sollen. Formulieren wir mehr Fragen als Antworten. Oder erzahlen mit warmen Worten den einfachen Sachverhalt einer Begebenheit – das ist schwierig und spannend genug. Ohnehin ist es so: Die Erzieherin entdeckt die ihr zugänglichen Eigenheiten der Kinder. Indem sie diese beschreibt, entwirft sie Bilder von ihnen, das ihren Möglichkeiten entsprechen. Dies sollte ihr stets bewusst sein und sie dazu veranlassen, ihre Beobachtungen so oft wie möglich mit denen der Eltern und Kolleginnen und mit Äußerungen der Selbstwahrnehmung der Kinder zu ergänzen. Bewertungen sind von allen Beteiligten mit großer Skepsis zu betrachten. Interpretationen sollten als solche erkennbar sein. Zudem muss der Frage, ob das jeweilige Umfeld die Kinder prägt oder/und ob die Kinder ihr jeweiliges Umfeld prägen können, immer neu nachgegangen werden.

Säen, ernten, kompostieren

Durch die Auswertung unserer Dokumentationen und die Beantwortung der Fragen, die sie uns stellen, können wir also sowohl die Früchte unserer guten Arbeit ernten, als auch Dinge, die nun als ungeeignet erkannt wurden, ›kompostieren‹, uns von ihnen verabschieden. Für die Saat zukünftiger Impulse und zukünftiger Alltags- und Beziehungsgestaltung haben wir das nötige Wissen und Verständnis erworben. Deren Ernte wird uns wiederum etliche neue Aha-Erlebnisse entlocken. Ein natürlicher Kreislauf.

Perspektivwechsel und Resonanzraum

Unabhängig davon, ob Auswertung und Planung, das einzelne Kind oder die ganze Gruppe Gegenstand einer Dokumentation sind: Der Perspektivwechsel ist immer unser bester und treuster Ratgeber. Ein sensibler und emphatischer Dokumentationsstil führt uns fast von selbst auf kindnahe Pfade. Ich erwähnte bereits die »anerkennenden Resonanz« (Schäfer), die in der Art unseres Hinguckens und Hinhörens enthalten sein sollte. Dieser Begriff ist schön, weil das Wort ›erkennen‹ darin verborgen liegt. Allerdings denke ich, dass Anerkennung nur dann die notwendige Substanz besitzt, wenn sie Bestandteil von etwas noch Umfassenderem ist: »Ich möchte wissen, wer du bist. Ich interessiere mich für dich. Ich möchte in Austausch mit dir sein. Ich möchte unsere gemeinsame Lebenswelt zusammen mit dir gestalten!«

In diesem Sinne wünsche ich Ihnen und den Kindern viel Freude mit den Anregungen der folgenden Kapitel.

Teil 2

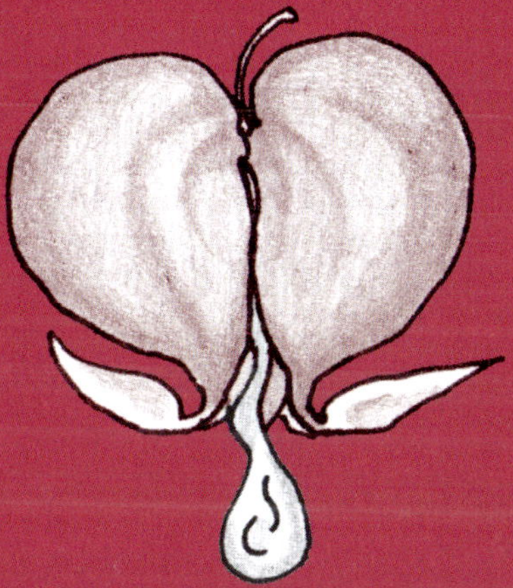

Dokumentationsmodelle

Kinder-Buch

Sinn und Hintergrund

Wie im ersten Teil des Buches ausführlich beschrieben, kann das Erzählen und Reflektieren der eigenen Lebenswelt als eine zutiefst menschliche Eigenschaft bezeichnet werden. Offensichtlich besteht eine innere Notwendigkeit, dieses ordnende und nach Sinnzusammenhängen suchende Erzählen zum festen, lebendigen Bestandteil der eigenen Lebensgestaltung werden zu lassen. Unablässig deuten wir die uns umgebende Wirklichkeit – und unsere entsprechenden Emotionen und (v)erklärenden Phantasien – zu neuen Mustern und Geschichten. Dieses konstruktive Verhalten beginnt bereits in der frühsten Kindheit. Es schützt uns vor einem Gefühl von Chaos und Beliebigkeit; mit ihm beginnen wir, uns auf jeweils einzigartige Weise zu verbinden und zu unterscheiden. Indem wir als Kind Dinge zeichnen und beim Namen nennen, sortieren wir unsere Gefühle und die Bewertungen, die wir diesen Gefühlen geben (ebenso wie die Bewertungen, die unser soziales Umfeld unseren Gefühlen gibt). Wir konstruieren Schlösser und Kerker und reißen sie bisweilen mit Leichtigkeit wieder ein. Wir kritzeln und zeichnen, plappern und plaudern, erfinden, verbinden – und lassen alles wieder verschwinden. Die Dokumente kindlicher Phantasie und Wirklichkeitsaneignung können wertvoll genug gar nicht geschätzt werden. Während meiner Jahre als Erzieherin war ich stets auf Schnitzeljagd: Was unter den Zeichentischen auf dem Boden lag, durchwanderte am Abend meine neugierigen Hände. Manches Juwel konnte so gesichert werden und landete auf einem unserer ›Elternbriefköpfe‹ oder im ›Porträt‹.

Zudem gab es verschiedene Phasen des gemeinsamen Entwickelns von Geschichten, entweder nach verschiedenen Methoden des kreativen Textens, im Gespräch – oder einfach so. Um es mit den wertvollen Zwischenergebnisse zeichnender und erzählerischer Exkursionen nicht ständig nur beim schönen Nachgeschmack zu belassen, gewöhnten wir uns mehr und mehr an, auch aus dem kleinsten Bündel von Inhalten ein Büchlein zu machen. Zumindest galt und gilt es, den Kinder zu vermitteln, dass man ein Büchlein aus fast allem machen kann. Es muss nur einen Anfang, eine Mitte und einen Schluss haben. Von diesen Büchern – kostbarste Dokumente kindlicher Nachdenklichkeit und Phantasie – möchte ich an dieser Stelle einige der interessantesten Varianten vorstellen.

Streichholzschachtelbuch

Eine Streichholzschachtel wird zum Buch. Vorder- und Rückseite kann als Cover gestaltet werden. In die Schublade hinein klebt man ein Miniaturleporello, ein zur Zickzackgirlande gefaltetes Papierband, das nun, durch die Faltung, aus zahlreichen winzigen Seiten besteht. Hier hinein lässt sich wunderbar die Geschichte des Marienkäfers mit dem verknacksten Fuß oder die vom Zebra, das immer dicker wurde, zeichnen.

Schwarzbücher

In mein geheimes Schwarzbuch (Umschlag aus schwarzem Tonpapier – warum nicht mit weißem Buntstift einen fetten Blitz darauf zeichnen?) kann ich immer hinein zeichnen, wenn ich mich furchtbar über etwas ärgere oder einfach schlimme Laune habe. Man könnte das Schwarzbuch auch als »Blitzableiterbuch« bezeichnen. Dass ich jedoch niemand raten möchte, einem wütenden oder traurigen Kind sein Schwarzbuch in die Hand zu drücken und es aufzufordern: ›Jetzt mal doch da rein, anstatt so herumzubrüllen …« versteht sich, hoffe ich, von selbst. Es geht mir lediglich darum, dem Kind ein überschaubares Quartier für die Schattenseiten des Lebens anzubieten.

Satztruhen

Die Satztruhe ist eine Schatztruhe für gute Sätze und Worte. Eine Zeit lang hatten die Kinder und ich die Angewohnheit entwickelt, sehr lange, komische Sätze zu bilden, die gar keinen Sinn machten, aber uns alle köstlich amüsierten. Ein regelrechter Wettbewerb für komische Sätze war ausgebrochen. Die konnte man doch nicht einfach so verkommen lassen! Schon war die Satztruhe erfunden. Wir beschrifteten eine alte Zigarrenschachtel mit ihrem neuen Namen. Wir beschrifteten sie so verschnörkelt, als enthielt sie die teuersten Zigarren der Welt. Sie enthielt aber Sätze und Worte wie:

- Schingischangischungischa, schungischa, Amerika! Schingischangischungischa, schungischa, China! (Diesen Satz sangen die Kinder monatelang auf der Schaukel)
- Die Dachterrasse dachte, Teer wär klasse!
- Ketchupbadewannenstöpselpöpsel
- Schweinsgalopeldipopel.

Immer wieder musste ich einzelne Zettel vorlesen, oder die Kinder lasen sich ihre Erfindungen gegenseitig vor.

Kunstkataloge

Eine meiner Töchter hat eine neue Rubrik des ›Kinder-Buchs‹ erfunden, die es mir sehr angetan hat. Offenbar inspiriert durch meine Kunstkataloge der modernen Kunst fing sie eines Tages an, selbst winzige Kunstkataloge herzustellen. Das Schöne an moderner Kunst ist ja (ähnlich wie bei den Worten der Satztruhe) unter anderem, dass sie keinen offensichtlichen Sinn ergeben muss. Der Sinn darf verborgen und zu suchen sein. Da haben unsere Phantasie und Assoziationskraft endlich Platz. Die ›Kunstbände‹ meiner Tochter sind so klein wie Streichholzschachteln und enthalten große Werke.

Gestützte Geschichten

Kinder dabei zu unterstützen, ein richtiges Bilderbuch mit einer selbst ausgedachten Geschichte herzustellen, macht mir Freude. In diesem Fall sehe ich mich als ›Projektberaterin‹ und trete in eine Art fachlichen Dialog, spiele die Verlagsherstellerin, die auch hier und da mal eine kritische (doch ermutigende) Anmerkung macht. Wie können wir es machen, dass es spannend ist, die Bilder anzugucken, obwohl ›nur‹ geheimnisvolle Kleinigkeiten passieren? Wetter, Windrichtung und Tageszeiten könnten sich ändern … man könnte sehen, wie der Baum im Hintergrund immer weniger Blätter trägt …

Comichefte

Comics zu machen erfordert viel Ausdauer und Geschick. Comics zu zweit zu machen und die Bilder immer abwechselnd zu zeichnen, erfordert zudem höchste Kommunikations- und Kooperationsbereitschaft. Unser erstes ›Schüli-Comic-Heft‹ war deshalb ein echtes Highlight. Begleitet hatten wir Erzieher es vor allen Dingen durch neugieriges Nachfragen bezüglich der Raffinessen des Geschichtsverlaufs.

Dokusoap im Ökofernseher

Sinn und Zweck

Jenseits von pädagogischen Überlegungen macht es Kindern viel Spaß, das eigene Leben in eine Art Endlosgeschichte zu verwandeln. Für ihren gruppeneigenen Ökofernseher zeichnen die Kinder ein Stück ›Film‹ ihres Kita-Alltags – wann immer sie Lust dazu haben. Das Bestücken des Fernsehers ist als ›Tagebuchzeichnen für Nochnichtalphabeten‹ gedacht. Man hockt gemütlich beieinander, erzählt sich, was so los war, und zeichnet dabei.

Die einzigen drei Verabredungen:

- Der Film besteht aus DIN A4-Blättern im Querformat.
- Die Bodenlinie beginnt und endet bei jeder Zeichnung auf gleicher Höhe; jeder schließt auf diese Weise an die Zeichnung des Vorgängers an.
- Die Verwendung einer Zeichentechnik: Buntstifte oder Filzstifte oder Wachsstifte (die verschiedenen Zeichenstile der Kinder sind unruhig genug).

Beim Arbeiten an einem Werk wie der hauseigenen ›Dokusoap‹ wird nicht nur das Kita-Leben aus Sicht der Kinder dokumentiert. Es entstehen, ganz nebenbei, viele interessante Fragen: Wie hängt der heutige Tag mit dem gestrigen zusammen? Zeichnen wir zwischen den Bildern immer ein kleines Stück Nacht? Was war heute vormittag los? Für mich dies, für Jonas das. Aha. Jedes Kind hat etwas anderes gemalt und es war doch der gleiche Vormittag! Nehmen wir jetzt nur ein Bild, oder kleben wir alles aneinander? Und wenn Miri gerade die Schlammschlacht auf dem Spielplatz gemalt hat, die ja aber letzte Woche war – sollen wir dann unseren Film noch einmal auseinanderschneiden und ihr Bild dazwischen kleben? Kein Problem.

Der Ökofernseher lädt ein, sich über Gemeinsamkeiten und Unterschiede im Erleben und Gestalten des Alltags zu unterhalten. Über den Fluss der Zeit, über Herausragendes ebenso wie über immer gleich Bleibendes. Die Filmproduktion ist ein unmittelbares Spiegelbild der Themen, die die Kinder beschäftigen. Zusammengefügt machen sie die Gruppensituation auf eine weitere Art les- und kommunizierbar. Erklärungen der Kinder zu ihrem jeweiligen ›Filmschnitt‹ können, so sie gerne gegeben werden, samt Datum auf seiner Rückseite notiert werden. Wie wäre es damit, die Doku-Soap bei einem Elternabend vorzuführen? Der Blick der Erwachsenen wird auf animierende Weise auf die Sichtweisen der Kinder gelenkt, denn die Überschrift lautet nun: »Was die Kinder erlebt haben« an Stelle von »Was wir mit den Kindern gemacht haben«.

Herstellung und Gestaltung

Der Film erklärt sich nach Abbildung von selbst. Wichtig ist, die einzelnen Bilder 1 cm überlappend aneinanderzukleben und eventuell von hinten mit einem Stückchen Tesafilm zu verstärken, damit der Film auch nach der 100sten Vorführung nicht einreißt. Das ›TV-Gehäuse‹ ist aus 1 mm starkem Karton, hat einen großen Ausschnitt als Bildschirm und zwei Führungsschlitze für den ›Film‹. Es kann mit Plakatfarbe gestaltet werden, sollte jedoch nicht zu bunt sein, damit der Film selbst gut zur Geltung kommt.

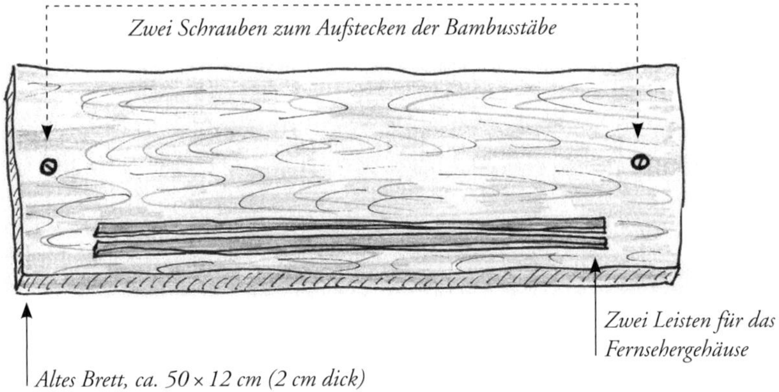

Holzständer aus der Vogelperspektive

Material & Werkzeug

- Brett, ca. 50 cm lang, 12 cm breit, 2 cm dick
- Zwei Leisten, ca. 40 cm lang, 1 × 1 cm Kantenlänge
- Bambusstange, 1,5–2 cm Durchmesser
- Leder, ca. 20 × 20 cm
- Zwei Holzschrauben, ca. 4 cm lang
- Karton, etwa 50 × 35 cm dick, fürs Gehäuse
- Plakatfarben
- Knöpfe
- Schreibmaschinenpapier für den Film
- Weißer Holzleim, Pattex, Teppichklebeband
- Handbohrer
- Kleine Handsäge
- Schraubendreher
- Cutter
- Bleistift, weißer Buntstift, Papierschere, Lineal

Schritt für Schritt

Den Ständer des Gehäuses bauen Sie wie folgt:

- Schrauben Sie in ein kräftiges 50 cm langes Brett rechts und links außen zwei längere Schrauben.
- Auf diese stecken Sie einfach zwei Bambusstücke à 30–35 cm.
- Die oberen Enden der Bambusstangen haben Sie vorab mit Leder geschmückt. Lassen Sie sich etwas einfallen!
- Vor die beiden Bambushalter kleben Sie mit weißem Holzleim zwei kleine Leisten, die als Halterung für den Bildschirm dienen. Bei Benutzung von handelsüblichem schnell trocknendem Leim genügt es, die Leisten eine Viertelstunde lang mit einer Bücherkiste zu beschweren.
- Nun kann auch der Holzständer mit Plakatfarbe gestaltet werden.
- Ist er getrocknet, kleben Sie die Schalter (Knöpfe) einfach mit Pattex auf.
- Sie können nun die ersten Filmstreifen in die Führung stecken, am Bambus mit Pattex oder Teppichklebeband fixieren und los geht's: Am Leder wird gekurbelt.

Rätselalbum

Sinn und Zweck

Rätselalben sind Alben voller Rätsel aus Kinderhand. Ein Album dokumentiert die Rätselhaftigkeiten und frag-würdigen Themen eines ganzen Jahres. Die Tradition ist: einmal in der Woche, montags am besten, wird ein neues Rätsel auf der so genannten ›Rätselkommode‹ installiert. Das alte Rätsel wird im Morgenkreis oder Kinderplenum aufgeklärt (oder gemeinsam gelöst) und dann im Rätselalbum abgeheftet.

Hatte einmal keines der Kinder eine Idee, kann natürlich auch die Erzieherin zur Tat schreiten. Denn ausfallen sollte die Rätselei wenn möglich nie. Erst wenn sie zum Alltag gehört, wie das tägliche Mittagessen, wird es den Kinder selbstverständlich sein, auf diese kommunikative Art Fragen zu stellen. Das rätselgebende Kind kommt in den Genuss, Dinge zu fragen, auf die es selbst als einziges die Antwort weiß. Es erlebt so etwas wie den Wissensvorsprung der Erwachsenen. Rege Dialoge über Wahrnehmungsdetails werden durch die Rätsel zur Alltäglichkeit. »Siehst du das nicht, das ist doch Pusteblumenflaum, ganz klar, so wie im Garten!« »So ein Quatsch, guck mal, da sind doch gar keine Samen drin. Hast du schon mal Pusteblumenflaum ohne Pünktchen gesehen?« Der Blick auf das Wochenrätsel ist für die Kinder wie ein Blick ins Mikroskop oder in die Ferne – ein Perspektivwechsel. Viele Themen der Saison werden aufgegriffen. So schneidet z. B. Luki die kleine Figur aus der Werbepostkarte des letzten Theaterstücks aus. »Wer ist das?« soll die Erzieherin darüber schreiben. Ob die anderen sich erinnern werden? Alles, was den Kindern rätselhaft erscheint oder was sie hin zum Rätselhaften verändern (je nach Alter eine sehr beliebte Tätigkeit), kann auf der Rätselkommode zum Thema der Woche werden. Ist das Rätselalbum voll, sehen es sich die Kinder gerne wieder und wieder an. Sie sind die Autoren! Ihre vergangenen Themen liegen bunt und gebündelt in ihren Händen. »Weißt du noch was das war? Wir dachten alle ein Pinsel, aber es war ein Elefantenschwanz!«

Herstellung und Gestaltung

Das Rätselalbum selbst bedarf kaum einer Erklärung. Es ist ein DIN A4-Ringbuch (vier Ringe verleihen dem Ganzen größere Stabilität. Vierfach-Lochung ➛ Teil 3). Kleinere Rätsel können so immer mal nur auf den oberen zwei, mal auf den unteren zwei Ringen abgeheftet werden. Schön wäre es, wenn Sie dabei das Datum auf die Rückseite der jeweiligen Kreation schreiben. Bewährt hat sich Fotokarton als Arbeitsmaterial, alles andere reißt zu schnell aus. Manchmal haben Kinder um-die-Ecke-gedachte Ideen für ihr

Rätsel und brauchen eine diskrete ›Rätselberatung‹. Sonst sind sie hinterher enttäuscht, falls keiner etwas mit ihrem Werk anfangen konnte und der Fall ungelöst bleibt. Zur Gestaltung des Covers lassen Sie und die Kindern sich etwas einfallen. Auch die Rätselkommode sei hier kurz beschrieben. Ein alter Nachttisch genügt. Vielleicht gibt es jemand, der ihn passend zum Gruppenraum streichen kann, wenn Sie einen Rahmen aus Holzleisten oben drauf geleimt haben. Sie müssen nicht einmal die beim Bilderrahmen üblichen 45°-winkligen Ecken zustande bringen. Setzen Sie einfach drei Leisten rechtwinklig um ein DIN A4-Blatt herum: zwei lange, eine kurze, so dass der Rahmen nach einer Seite hin offen bleibt und Sie eine kleine Plexiglasscheibe (DIN A4) hinein schieben können. Die Rätsel sind auf diese Weise gut geschützt vor den vielen Kinderfingern, die im Laufe einer Woche auf ihnen herumkrabbeln. Unten im Nachttisch, d. h. in Ihrer neuen Rätselkommode, können Sie die Alben vergangener Rätsel sammeln. Oder aber Sie bohren ein Guckloch in die Nachttischtür, installieren ein kleines Lämpchen mit Taster und lassen die Kinder den Bauch der Kommode mit dreidimensionalen Rätseln bestücken? Gibt es einen hilfsbereiten Bastler in oder im Umfeld der Kita?

Material & Werkzeug

- DIN A4-Ringbuch (4 Ringe)
- Fotokartons DIN A4
- Material für Rätselkommode
- Alter Nachttisch
- Flache Holzleiste für Rahmen (etwa 120 cm lang)
- Stück Plexiglas, DIN A4
- Weißer Holzleim
- Lackfarbe
- Sandpapier
- Kleine Handsäge
- Pinsel

Wünschelstunden-Statistik

Sinn und Zweck

Was machen wir mehr, was machen wir weniger – und was machen wir mehr oder weniger gar nicht? Mathematische Grunderfahrung und Dokumentation der eigenen alltagskulturellen Vorlieben sind das Thema dieser Dokumentationsmethode. Jede Kindergruppe hat spezifische Traditionen oder Gewohnheiten. Im Fall der sogenannten Wünschelstunde ist der Wiederholungseffekt besonders deutlich, deshalb habe ich sie zum Gegenstand der Statistik gemacht.

Wünschelstunden sind eine schöne Sitte: Einmal in der Woche verbringt die Gruppe eine gemütliche Stunde miteinander, bei deren Gestaltung die Kinder zwischen drei Möglichkeiten frei wählen dürfen. Wie Sie auf dem Eingangsfoto erkennen können, waren die Highlights zum gegebenen Zeitpunkt ›Vorlesen‹, ›Massage‹ und ›Spielen‹. Die Wünschelstunde garantiert die volle Aufmerksamkeit der Erzieherin. ›Spielen‹ heißt hier also ›Spielen mit der Erzieherin‹. Mir kam die Idee, die Vorlieben der Kinder für uns alle, auch für die Eltern sichtbar zu machen, weil es eine schöne Art ist, über kindliche Bedürfnisse miteinander ins Gespräch zu kommen. Hier werden nicht Meinungen gesammelt, sondern die Wünsche der Kinder in der Gruppe aufgezeigt – einfach dadurch, dass nach jeder Wünschelstunde ein Kind die jeweilige Perle in den dafür vorgesehenen Schlauch steckt. Besonders spannend ist es, wenn die Statistik über einen längeren Zeitraum geführt und monatlich fotografiert wird. Dann kann die Erzieherin die Veränderung der Bedürfnisse zum Thema machen: »Sieh an, im Winter wolltet ihr fast immer nur Massage! Im Frühling haben wir Nils Holgerson gelesen und nachdem ich euch überzeugt hatte, dass wir euch nicht gleichzeitig massieren und vorlesen können, habt ihr euch immer für das Spiel mit den Taststeinen entschieden. Deswegen die vielen roten Perlen im April! Und zur Zeit ... was macht ihr zur Zeit am liebsten?«

Das Angebot der Wünschelstunde wechselt, wenn wir dessen überdrüssig geworden sind, oder jemand verlockende neue Ideen eingebracht hat und die anderen überzeugen konnte, sie auszuprobieren. Dann werden die Schilder an den ›Reagenz-Schläuchen‹ natürlich ausgetauscht.

Herstellung und Gestaltung

Ein ›Reagenz-Schlauch-Halter‹ ist in kürzester Zeit gebaut. Jede Erzieherin ist dazu in der Lage. Die Kinder können an der Herstellung weitgehend beteiligt werden.

Schritt für Schritt

- Transparente Schläuche für Aquarien gibt es in jedem Baumarkt. Dort gibt es auch die passenden Ringschrauben. Nehmen Sie eine Ihrer Perlen und einen Korken mit zum Baumarkt und probieren Sie, ob alles gut zusammen passt, denn hier täuscht sich das Augenmaß gewaltig. Kaufen Sie sechs kurzhalsige Ringschrauben passend zum Schlauch.
- Schneiden Sie sich den Schlauch mit einer Schere passend, z. B. drei Stücke à 70 cm.
- Kleben Sie drei Korken mit Alleskleber in den unteren Öffnungen der Schläuchen fest.
- In das Brett bohren Sie mit einem kleinen Handbohrer die Löcher für die Ringschrauben vor und drehen diese hinein.
- Fädeln Sie die Schläuche in die Ösen der Schrauben und verschließen anschließend auch die obere Öffnung mit Korken, diesmal ohne Kleber.
- Fertigen Sie die ›Krone‹, das Schild also, das die Themen der Statistik benennt. Kleben Sie es mit Pattex oder Holzleim von hinten an das Brett.
- Bringen Sie eine kleine Ringschraube von hinten an Ihrem Brett an und ziehen Sie ein Stück Schnur zum Aufhängen durch.
- Hängen Sie die Statistik so tief, dass die Kinder gut drankommen, aber auf einen Stuhl steigen müssen, wenn sie die nächste Perle hinein stecken wollen (sonst wird zu viel dran herumgespielt).
- Überlegen Sie, ob Sie nicht einen weiteren Schlauch zum freien Spiel zur Verfügung stellen können.

Material & Werkzeug

- Brett, ca. 25 × 80 cm
- Kleine Ringschraube, ca. 0,7 cm Durchmesser
- Transparenter Schlauch, 210 cm lang, ca. 2,5 cm Durchmesser
- Sechs große Ringschrauben, zum Schlauch passend
- Sechs Weinkorken
- Ausreichend Holzperlen in drei Farben, drei Behältern
- Karton für Schildchen, 1 mm stark
- Holzleim, eventuell Pattex
- Schnur
- Drahtbohrer
- Schere

Plenumskette

Sinn und Zweck

Beim Morgenkreis oder im Kinderplenum werden wichtige Dinge besprochen. Je mehr sich die Kinder selbst mit ihren Themen einbringen, desto mehr erfahren wir über ihre Sichtweisen und Bedürfnisse. Wie könnte man diese wertvollen Dialoge wenigstens andeutungsweise dokumentieren? In der SchülerWerkStadt e. V. pflegen wir einen Brauch, bei dem die Kinder während der ganze Woche Themen auf Zetteln sammeln, die dann am Montag im Kinderplenum verhandelt werden. Für diesen Zweck gibt es eine kleine Pinnwand, die sich jeweils von Dienstag bis Montag mit neuen Anliegen füllt. Pünktlich zu Sitzungsbeginn wird sie von den Kindern, die die Plenumsleitung übernommen haben, abgeerntet. Kinder, die noch kaum schreiben können, behelfen sich manchmal mit einem einzigen Wort. Sie wissen, dass sie ihr Thema erinnern werden, wenn die Plenumsleitung das Stichwort verliest. Andere Kinder lassen sich von einem älteren Kind, den Eltern oder der Erzieherin beim Notieren unterstützen. Die Zettelsammlung wird von den Kindern als eine Liste von Tagesordnungspunkten behandelt, wie wir sie von unseren eigenen Versammlungen kennen. Der Reihe nach verlesen die Kinder die einzelnen Punkte. Die Plenumsleitung fragt, wer den Zettel verfasst hat, und ob er oder sie sich näher dazu äußern mag:

- „Klotür offen doof« (Das sechsjährige Kind fand es doof, dass man unsere Klotür nicht abschließen konnte und forderte, dass man sie endlich reparieren solle!)
- »Fahrrad Ausflug. Immer ›Schneller schneller!‹« (Das siebenjährige Kind beklagte sich, dass bei unseren Fahrradausflügen immer ein paar dabei waren, die die anderen hetzten, indem sie, trotz gegenteiliger Abmachung, ständig »Schneller, schneller!« riefen.)
- »Essen in der Höhle!« (Das achtjährige Kind argumentierte mit seiner Freundin, dass man in einer echten Höhle auch essen können müsse, sonst sei das ja nicht wie ein echtes Zuhause. Zu Hause hätten sie auch Teppichboden im Esszimmer und würden trotzdem essen.)

Die einzelnen Zettel der Plenumskette sind ebenso unscheinbare wie anrührende Dokumente des Mitdenkens und Mitgestaltens kleiner Bürger in einer Teil-Demokratie. Zwar sind die Erzieherinnen und Eltern in vielen Punkten die ›Könige‹ und dürfen bestimmen. Doch haben wir es uns zum Grundsatz gemacht, alle Bereiche, die von den Kindern bereits überblickt werden können, auch zur Mitgestaltung freizugeben. Jahrelang hatten wir die kostbaren Themenzettel mit den zum Teil hochkomplexen Anliegen nach dem Plenum einfach weggeworfen. Endlich kam mir die Idee, sie doch wenigstens zur Kette zusammenwachsen zu lassen. So konnte man auch noch nach vielen Wochen an Fragen und Ideen entlang streifen oder gelegentlich Stichproben aus alten Diskussionsanlässen vorlesen. »Wisst ihr noch, als wir so lange darüber redeten, ob Praktikanten schimpfen dürfen?« Auf die Rückseite eines Zettels wird, falls gefunden, die Lösung oder Zwischenlösung für jedes Anliegen notiert. Um Gespräche zu erinnern, müssen nicht immer aufwendige Protokolle verfasst werden.

Praxistipps

Wir hatten uns immer wieder überlegt, ob es nicht schöner wäre, die Plenumszettel in einem Briefkasten zu sammeln. Letztendlich sind wir doch bei der Pinwand geblieben. Denn manche Anliegen ändern oder erledigen sich während der langen Woche. Hat ein Kind auf seinen Zettel stets Zugriff, so kann es nachbessern oder ihn einfach wieder entfernen. Die Tradition, alle Zettel verdeckt aufzuhängen und folglich erst beim Plenum Einblick nehmen zu können, war ganz von alleine entstanden. Die diesbezügliche Diskretion unter den Kindern (»Man darf nicht hinter die Zettel spickeln!«) hat mich immer beeindruckt.

Um die Plenumskette bei Bedarf schnell zur Hand zu haben, habe ich einen halbierten Weinkorken, sozusagen als ›Kettenparkplatz‹, auf einem unserer Regale befestigt. In ihn stecken wir die dicke Stopfnadel, mit der die einzelnen Zettel schön aufgefädelt werden können und die nie von der Plenumskette entfernt wird. Es macht Spaß, neue Themen mit ihr zu durchpieksen, sobald sie besprochen sind.

Betreuen Sie kleinere Kinder, die noch gar nicht schreiben können, so lohnt es sich dennoch zu überlegen, inwieweit deren Fragen und Wünsche schon ›geplant‹ in den Morgenkreis eingehen können – nicht nur spontan. Vielleicht genügt hier ein kleiner Morgenkreiskalender. In ihn kann die Erzieherin die Stichpunkte eintragen, wenn sie mit einem oder mehreren Kindern Wünsche oder Konflikte erkannt hat, die mit allen erörtert werden sollten, z. B.:

- In der Bauecke gibt's immer Zoff. Warum eigentlich – vielleicht weil der Teppich zu klein ist? Oder gibt's zu wenige Duplosteine?
- Warum ist es so gefährlich, aufs Fensterbrett zu klettern?! Wo sollen wir denn sonst herunter springen?
- Immer wieder macht unser Koch Zwiebeln in die Soße. Aber wir hassen Zwiebeln. Wie können wir es machen, dass er sich das endlich merkt?!

Zeichenmappe und Meichenzappe

Sinn und Zweck

Zeichenmappen gehören in den meisten Kindergruppen glücklicherweise von Anfang an zur Grundausstattung. In ihnen verbergen sich manchmal große Schätze, die wir hin und wieder, wenn wir nett fragen, für unsere Dokumentationen ausleihen dürfen. Mir stechen jedoch immer wieder auch die Probleme ins Auge, die es mit der Nutzung der Mappen gibt. Ist es Ihnen ein Anliegen, das einfache Sammeln der Bilder mit den Kindern gemeinsam befriedigend zu gestalten, so empfehle ich die folgenden Punkte zu bedenken:

- Die Mappen sollten für die Kinder eigenständig und mühelos greifbar sein. Es gibt rechteckige Büropapierkörbe aus Kunststoff, die ideal als Mappencontainer genutzt werden können und die, gut erreichbar, auf dem Boden stehen können.
- Mappen mit Bändern stressen die Kinder, wenn wir von ihnen verlangen, sie nach jeder Benutzung wieder ordentlich zuzubinden. Entweder Bänder offen lassen oder Mappen mit Gummiband kaufen.
- Jedes Kind sollte seine Mappe leicht erkennen können. Sehen alle Mappen gleich aus, hat es keine Lust, sich seine heraus zu suchen. Gestalten Sie also die Mappendeckel mit den Kindern.
- Es ist sinnvoll, die Mappen zum Ende jedes Kita-Jahres wertschätzend ›abzuernten‹ und somit wieder Platz für Neues zu schaffen.
- Mappen enthalten häufig zu viele angeleitete Bastelprodukte, wie »Wir kleben Krepppapierkügelchen auf eine Schneemannschablone«. Solche Bilder taugen selten als relevante Ausdrucksmöglichkeit für das Kind. Und was können wir darin lesen?
- Ein vielerorts bewährtes Ritual, um herumliegende Bilder zuordnen zu können, ist: »Ich nehme mir ein Papier und lasse es immer als allererstes von der Erzieherin rückwärtig signieren, falls ich es selbst noch nicht kann«.
- Erzieherinnen schreiben, guten Willens, leider oft in die Bilder der Kinder. Bitte schreiben Sie hinten auf die Bilder oder zart mit Bleistift darunter, so dass Ihre Spuren jederzeit herausradiert werden können.

Meichenzappen sind die besonderen Schwestern der Zeichenmappen. Sie haben die schöne Eigenschaft, dass man sich leichter und geordneter durch sie ›durchzappen‹ kann. Denn die Meichenzappe hat nachträglich ein sortierendes Innenleben erhalten: Unterteilung in Quartale, passend zum Noki. Die Erzieherin nimmt die gemalten ›Notizen‹ des Kindes genauso ernst wie ihre geschriebenen eigenen.

In die Meichenzappe kommt malerisch Auserwähltes. Es sind Dinge, die eine großes System verlangen und nicht in ›Mein Kitabuch‹ passen. Es kann auch sein, dass Sie sich deshalb für die Meichenzappe entscheiden – und ihren ursprünglichen Zweck erweitern –, weil Ihnen ›Mein Kitabuch‹ zu klein erscheint und Sie die Dokumente der Kinder nicht lochen wollen. Jede Erzieherin wird ihre eigenen Kombinationen von Dokumentationsträgern wählen wollen und müssen.

Die Aufteilung in Quartale erleichtert der Erzieherin die nachdenkliche Beschäftigung mit dem Kind. Sie nimmt sich Noki und Meichenzappe, schlägt die jeweiligen Quartale auf und hat die Dokumente kindlicher und erwachsener Sichtweisen aus genau dem selben Zeitraum vor sich. Diese Gegenüberstellung wird auch die Eltern interessieren. Hat sie ihr Beobachtungs- und Dokumentationssystem noch weiter ausdifferenziert, kommt der Blick ins Portfolio dazu – oder Ihr DIN A3-Portfolio hat die Meichenzappe mittlerweile ersetzt.

Vor leichtfertigen psychologischen Schlussfolgerungen in Anbetracht von Kinderbildern möchte ich gerne warnen. Nutzen Sie die Bilder lieber, um in einen guten Dialog mit dem Kind zu treten. Sprechen Sie mit ihm über sein Werk (wenn es Lust dazu hat), anstatt ihre eigenen Assoziationen in das Bild hinein zu deuten. Auch hier gilt: Gute Fragen, auch an die

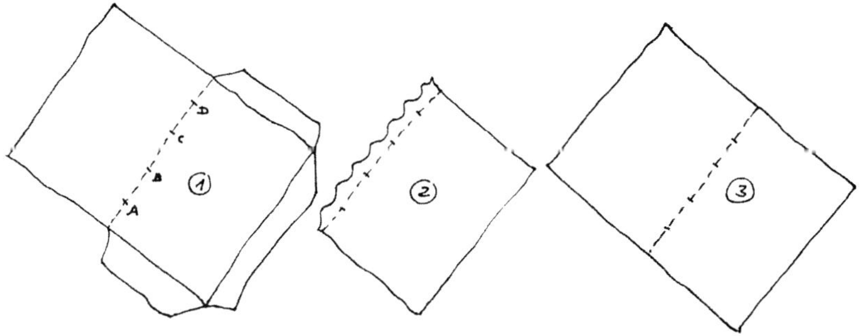

Auf 1 leg 2, dann 3. Es genügt, die drei Teile entlang der gestrichelten Linie an wenigen Punkten zu verbinden (A, B, C und D).

Meichenzappentrennblätter

Eltern und an die eigene Beobachtungsgabe sind besser als voreilige Antworten. Die Meichenzappe verlangt ein bisschen Disziplin. Sie ist keine so einfach zu bedienende ›Schublade‹ wie ihre Schwester. Sie kann mit der Schublade fürs Silber- statt fürs Alltagsbesteck verglichen werden. Sie sollte deshalb nicht in einem Container auf dem Boden aufbewahrt werden.

Herstellung und Gestaltung

Fertige Zeichenmappen aus Graupappe sind sehr preisgünstig zu erhalten. Für die Zeichenmappe brauchen Sie keine Anleitung. Wenden wir uns also der Meichenzappe zu. Wir können uns überlegen, ob wir aus je 2,5 Zeichenmappen eine Meichenzappe bauen. Oder ob wir uns unsere Trennblätter einfach als Graupappebögen dazu kaufen und sie uns selbst zurecht schneiden. Die Herstellung der Meichenzappen mit den Eltern ist als Auftakt für einen Elternabend über bildnerisches Gestalten denkbar. Doch erst durch die anschließende Gestaltung der Deckblätter mit den Kindern werden die Mappen zu ihren ganz persönlichen Gegenständen.

Schritt für Schritt

Schnellste Lösung:

- Schneiden Sie die Trennblätter wie in der Abbildung angegeben zurecht.
- Versehen Sie die Trennblätter mit Hilfe eines Messers entlang der gestrichelten Linie mit einem leichten Bewegungs-Ritz.
- Stoßen Sie mit der Ahle oder dem Messer winzige ›Knopflöcher‹ in die Bewegungsritze der Zeichenmappe und der Trennblätter (➛ Abbildung, Punkte A, B, C, D).
- Befestigen Sie Ihre Trennblätter mit Musterbeutelklammern in der Mappe (›Knopflöcher‹ benutzen). Setzen Sie die Klammern mit den länglichen Köpfen nach außen; die Schenkel der Klammer sollten im Inneren der Mappe senkrecht im Mappenfalz liegen. Sie können Sie zum Schutz mit Verpackungsband oder Buchbinderleinenabkleben.
- Kleben Sie sich einige Registertabs für die Quartale (oder andere Einteilungen) an Ihre Trennblätter, eventuell einfach aus Verpackungsband.
- Dekorieren Sie die Klebeverbindungen bei Bedarf mit dem weißen Buntstift.
- Man kann sich auch das gesamte Meichenzappen-Innenleben mit Verpackungsband zusammenkleben, doch das ist weniger haltbar.

Schönste Lösung (das ist etwas aufwendiger, also wieder etwas für den Elternabend):

- Möglich und am schönsten ist es, wenige kleine Löcher mit der Ahle in die Bewegungsritze zu stechen und dann Mappe und Trennblätter mit einer kurzen ›Naht‹ aus dünner Paketschnur zu verknüpfen.

Material & Werkzeug

- Eine Zeichen- bzw. Sammelmappe aus Graupappe, DIN A3
- Drei Bögen Graupappe, etwas größer als die Sammelmappe bzw. anderthalb Mappen zum Zerschneiden (oder Sie bauen aus jeweils fünf Mappen zwei neue)
- Vier Musterbeutelklammern mit länglichem Kopf, oder Schnur
- Verpackungsband, selbstklebend, aus braunem Kraftpapier
- Kleines spitzes Küchenmesser oder Buchbindermesser
- Schere, Lineal, Bleistift, weiße Buntstifte

›Mein Kita-Buch‹

Sinn, Zweck und Hintergrund

Mittlerweile sind sie in jeder Kindertageseinrichtung im Gespräch: ›Bildungsbiografien‹ unter Mitarbeit von Kindern, »Ich-als-Kind-Bücher« (Elschenbroich 2001), Lerntagebücher und dergleichen. Mehrfach wurde ich darauf angesprochen, ob ich nicht auch ich eine geeignete Form für dieses Dokumentationsanliegen finden könnte. Sie sollte einerseits flexibel, andererseits doch strukturierend sein. Im Austausch darüber, welchen Zweck die Bücher erfüllen sollten, wurde deutlich, dass es mehrere, sich zum Teil widersprechende Anliegen gibt, die nicht auf einmal bedient werden können.

Jede Entscheidung darüber, wie ein Dokumentationsträger für Kinder angelegt ist, hat erhebliche pädagogische Bedeutung. Die Kinder erkennen, welche Fragen wir in den Mittelpunkt stellen. Die Kinder spüren, welcher Blick damit auf ihnen ruht. Deshalb möchte ich jeder Erzieherin vorschlagen, sich selbst ein paar Fragen zu beantworten, bevor sie für die ganze Gruppe oder gar die ganze Einrichtung aktiv wird.

- Will ich die Kindern ermuntern, ihre Bildungserfolge zu dokumentieren? Interessiert mich vor allem, was sie lernen, was sie sich aneignen? Vorsicht: Wer nur nach Kompetenzen fragt, ist ebenso leistungsorientiert wie der mit dem ›defizitären Blick‹.
- Will ich, dass die Kinder ein Bewusstsein darüber entwickeln, wie sie lernen? Wenn ja, ist das für meine Kinder altersgemäß?
- Will ich, dass sie ihre kleinen Dokumentationen nach Bildungsbereichen ordnen? Wenn ja, warum will ich das? Ist es für meine Kinder altersgemäß? Bin ich mir sicher, dass diese Herangehensweise ihnen entspricht und nützt?
- Will ich die Kinder dabei unterstützen, dem ganzen Spektrum ihrer Empfindungen, Ideen, ihrer Lebenswelten und ihres Witzes Ausdruck zu verleihen? Reicht es dann vielleicht, die Ergebnisse einfach chronologisch einzuheften?

Debattieren Sie darüber in Ihren Teams! Möglicherweise ist für jede Gruppe in Ihrem Haus eine etwas andere Variante richtig. Heterogenität ist eine hervorragende Voraussetzung für eine vergleichende Evaluation der Arbeit im nächsten Jahr.

Ausdrücklich warnen möchte ich vor einer nun mehrfach beobachteten Herangehensweise, die einerseits behauptet, das Buch ›gehöre ganz dem Kind‹, bei der aber andererseits die entsprechenden Erzieher-Kind-Dialoge dazu genutzt werden, um das Kind in Richtung ›metakognitiver Erkenntnisse‹ und ›kindlicher Lernstandserhebung‹ zu manipulieren. Beobachten wir doch einfach, welche Bedeutung die Kinder in die Sache legen und was sie aus dem Angebot machen. Fragen wir nicht ständig: Was hast du gelernt? Seien wir mit unseren Fragen doch etwas offener, aufmerksamer und teilnehmender!

Ich plädiere dafür, den Kindern ein sehr freies Dokumentieren ihres Lebens zu ermöglichen – nicht abzuverlangen. Spaß beim Tun, Humor und die Kreativität der Kinder sollten im Mittelpunkt stehen. Es muss nicht alles Sinn machen. Unsinn ist auch Sinn, denn er macht uns Laune. Selbsterkenntnisse, Welterkenntnisse, Quatsch mit Soße oder das Foto der geliebten Oma in Damaskus – das alles soll in ›Mein Kita-Buch‹, wenn es dem Kind wichtig ist. Wie spannend sind die Gespräche darüber, warum es diese oder jene Auswahl treffen möchte!

Ich jedenfalls möchte ein Buch bewerben, das

- Dem Kind gehört und das es gerne in die Hand nimmt
- Schon durch die Gestaltung des Covers seine persönliche ›Handschrift‹ trägt
- Das Kind mit Hilfe der Erwachsenen, aber doch unzensiert führen kann
- Das vielfältige, eigenwillige Er-Leben der Kinder widerspiegelt
- Querformat hat, denn Kindergartenkinder malen und erleben i. d. R. im sog. ›Landschaftsformat‹
- Einfach zu bedienen ist
- Einlädt, Dokumente zu sammeln und herzustellen
- Stets umsortiert werden kann
- Zur Kommunikation einlädt
- Keinen abstrakten Namen trägt (›Bildungsbiografie‹ oder ›Ich-als-Kind-Buch‹ sind wenig anschauliche Namen)
- Keine (dem Kind unverständlichen) Beobachtungen der Erzieherin enthält. Diese gehören m. E. ins Noki oder Portfolio.
- Diktate enthält: Das Kind erzählt der Erzieherin, was sie schreiben soll
- Kostengünstig ist.

›Mein Kita-Buch‹ als Teil der Alltagskultur statt als großes Sondervorhaben

Für die Pflege des Kita-Buchs können neue Traditionen wie die wöchentliche ›Buchstunde‹ geschaffen werden. Die einen Kinder werden sich hier verausgaben, die anderen bleiben nur fünf Minuten bei der Sache und spielen dann lieber etwas anderes. Das ist in Ordnung so. Bei Kindern des Elementarbereichs kann man sich sicher sein, dass die Handhabe und Bestückung eines eigenen Kita-Buchs zu einer ihrer allerersten aktiven Buchbeziehungen gehört. Wenn diese nicht lustvoll erlebt wird, haben wir einen schiefen Meilenstein gesetzt. Eher sollten wir es zulassen, dass ein Kind sein Kita-Buch vernachlässigt, als dass es mit den damit verbundenen Erwartungen auf Kriegsfuß lebt. In jedem Fall sollten die Bücher den Kindern ebenso zugänglich sein wie ihre Eigentumsfächer. Nur wenn ich mich jederzeit aus eigenen Stücken mit ›Meinem Kita-Buch‹ befassen kann, kann es zu meiner Sache werden. ›Mein Kita-Buch‹ ist, im Idealfall, ein gestütztes (im Sinne von Assistenz), doch keinenfalls manipuliertes Tagebuch des Kindes.

Herstellung und Gestaltung

Das Buch besteht aus einem einfachen DIN A5-Ringbuch (zwei Ringe), das seitlich mit Karton zu einem querformatigen DIN A4-Ringbuch verbreitert, anschließend kaschiert und mit einem selbst gemachten Register versehen wird. Durch dieses Do-it-your-self-Prinzip spart man pro Kind eine Menge Geld. Denn A4-Ordner im Querformat sind zwar zu haben, aber wegen der geringen Auflagen sehr teuer (Große Träger können durch Großbestellungen freilich über günstigere Preise verhandeln). Und auf die enge Beziehung zum Objekt, die durch die gestaltende Ausgangssituation geschaffen wird, wollen wir ja ohnehin nicht verzichten. Eltern einspannen lohnt.

Schritt für Schritt

- Wollen Sie mit den Kindern vorab kleine Zeichnungen machen, die zum wichtigen Bestandteil des Covers werden können?
- Schneiden Sie zwei Kartonteile zum Anstückeln des Ringbuchs zurecht; sind es genormte Ringbücher, beträgt das Maß 14 × 23 cm.
- Wer die Ordner extra stabil möchte, schneidet zusätzlich Verstärkungsstreifen von 2 × 23 cm zu, die vor dem Kaschieren jeweils über den Ritz zwischen

Material & Werkzeug

- DIN A5-Ringbuch, möglichst nicht mit Kunststoffbezug
- Karton, 1 mm stark, zum Anstückeln des Ringbuchs
- Verpackungsband aus braunem Kraftpapier, selbstklebend
- DIN A4-Fotokarton für das Register
- Bunte Papierreste zum Kaschieren
- Weißer Holzleim
- Tapetenkleister
- Alleskleber
- Große scharfe Papierschere, eventuell auch Cutter
- Schneideschiene (oder Karton im Copyshop schneiden)
- Lineal, Bleistift, Spitzer, Radiergummi
- Locher mit Schiene
- Gurken- oder Honiggläser
- Minischneebesen

Ringbuch und Karton geklebt werden können. So wird diese Stelle später weniger zur Schwachstelle.

- Fixieren Sie die Längsseite des Kartons an den Längsseiten des Ringbuchs mit ein paar Schnipseln Verpackungsband – einmal am vorderen, einmal am hinteren Ringbuchdeckel. Wenn Sie sich die Verstärkungsstreifen zurechtgeschnitten hatten, ›heften‹ Sie diese nun ebenfalls mit ein paar Schnipseln Verpackungsband über den Ritz.
- Überkleben Sie den Ritz (mitsamt Verstärkung) drei mal hintereinander mit Verpackungsband. Das Klebeband kann, wie ein Verband, mehrmals um die gesamte Karton-Ringbuch-Konstruktion gelegt werden. Dabei müssen die Lagen Verpackungsband keineswegs exakt aufeinander liegen.
- Klebeband fest andrücken. Faltenwurf, der möglicherweise um die Verstärkung herum entsteht, schadet nicht. Streichen Sie ihn mit dem Fingernagel platt, bald wird man nichts mehr von ihm sehen, denn: Der Rohling ist jetzt fertig und kann mit den Kindern kaschiert werden. Entscheiden Sie, ob Sie nur das angesetzte Stück (innen und außen) oder das gesamte Ringbuch kaschieren (➛ Teil 3) wollen.
- Wenn Sie die Ecken des Kita-Buchs mit Buchbinderleinen verstärken wollen: ➛ Teil 3.
- Achtung: Ist das kleine Ringbuch mit Kunststoff bezogen, so hält das Kleister-Leim-Gemisch nicht ganz so, wie Sie es sich wünschen würden. Kaschieren Sie das Ringbuch trotzdem. Die eine oder andere Ecke muss dann eben später noch einmal mit einem Alleskleber nachgeklebt werden.
- Da Kita-Bücher, wenn es gut läuft, stark beanspruchte Bücher sind, kann es sinnvoll sein, das fertige Buch mit Acryl-Klarlack-Spray zu versiegeln.
- Das Register kann flott von Hand hergestellt werden, indem an DIN A4-Fotokarton kleine ›Karton-Flicken‹ angesetzt werden.
- Die Einteilung sollte vorab gut überlegt werden. Sie wird auf dem Register mit einfachen Piktogrammen dargestellt. Mögliche Einteilungen sind z. B.
  - Die vier Quartale: Sommer bis Erntedank (oder Halloween), Erntedank bis Weihnachten, Silvester bis Ostern, Ostern bis Sommer. Das ist weniger abstrakt als die Monatsnamen.
  - Die Bereiche ›Drinnen‹ (in der Kita, in der Familie) und ›Draußen‹ (Ausflüge, Theater)
  - ›Einfach so‹ – ›Projekte‹ – ›Ausflüge‹ – ›Feste‹ – ›Komische Sachen‹ – ›Meine Familie‹.
- Besprechen Sie die Einteilung mehrfach mit den Kindern im Morgenkreis. Welche Meinung haben sie dazu? Generell gilt: Fangen Sie mit wenigen Unterteilungen an, sonst erschlägt es statt zu motivieren. Die Kinder können ihr Register bei Bedarf ohnehin jederzeit ergänzen oder minimieren.

Noki – Notizen über Kinder

Sinn und Zweck

Das Noki dient dem einfachen, doch überschaubar angelegten Notieren spontaner Beobachtungen der Erzieherin im Kita-Alltag. Es ist ein übergroßes schönes Notizbuch (DIN A3) und als solches im Gruppenraum immer gleich zur Hand. Sich eine Notiz machen ist, im Gegensatz zu fachgerechtem Protokollieren gezielter Beobachtung, eine beiläufige, formlose Angelegenheit. Sie ist deshalb nicht weniger wichtig. Im Noki können Sie kleine wie große Begebenheiten, Fragen oder Gedanken zum einzelnen Kind rasch zu Papier bringen. Fassen Sie das Bemerkte oder Beobachtete in wenigen Sätzen zusammen. Auf jedes überflüssige Wort kann verzichtet werden. Zeit-, gegebenenfalls Ortsangaben sind dennoch zu empfehlen. Jede Erzieherin, die in der Gruppe arbeitet, ist aufgefordert, ihre Spuren im Noki zu hinterlassen und mit ihrem Kürzel zu versehen. Auf diese Weise nützt das Noki auch der Kommunikation und der Wahrnehmungsergänzung zwischen den verschiedenen Betreuungspersonen des Kindes. Es sollte bei jeder Teambesprechung zur Hand sein.

Das Noki ist ein **kleines** Instrument zur alltäglichen, aufmerksamen Begleitung von Kindern und erleichtert die Vorbereitung von Elterngesprächen. Es ist durch seine freilassende, doch strukturierte Form ein gutes Angebot für Erzieherinnen, die sich an das stete Notieren von Beobachtungen erst neu heranwagen.

Zugänglichkeit der Notizen

Nokis sind einerseits nur gebündelte Notizen. Andererseits enthalten sie unter Umständen sensible Daten. Sie sind deshalb nicht zum ›Schmökern im Alleingang‹ für die Eltern gedacht. Selbst wenn es für jedes Kind ein einzelnes Notizheft gäbe, würde ich es als Erzieherin nicht wollen, dass Eltern ohne mein Wissen darin lesen. Es sind meine Notizen. Manche Notiz habe ich rasch verfasst, und sie bedarf für Außenstehende möglicherweise einer Erläuterung.

Herstellung und Gestaltung

Das Noki umfasst jeweils ein Kita-Jahr. Es hat ein Namensregister und besteht aus so

Noki-Deckblatt

vielen Blättern, wie die Gruppe Kinder hat. Für jedes Kind gibt es ein einziges festes A3-Blatt, das ›Kinderblatt‹. Es ist in die vier Quartale des Kita-Jahres unterteilt und entsprechend beschriftet: Juli – Sepember und Oktober – Dezember auf der Vorder-, die anderen Quartale entsprechend auf der Rückseite. Das Cover des Nokis ist ansprechend und einladend gestaltet und enthält den Gruppennamen und das Kita-Jahr. Für jedes Kind nur ein A3-Blatt pro Jahr – das klingt nach wenig. Es ist aber andererseits viel mehr, als die meisten Kindertageseinrichtungen im Moment vorzuweisen haben. Das Noki steckt ein erfüllbares Ziel ab und ist damit für Einsteigerinnen ein machbares Vorhaben. Erweitern können Sie es dank der Buchschrauben jederzeit. Systematische und gerichtete Beobachtung ersetzt es nicht! Hierfür nehmen Sie z. B. Ihr ›Portfolio‹. Die Unterteilung der Blätter in Quartale ermöglicht uns pädagogische Selbstkontrolle: Ist ein Quartal eines Kindes leer geblieben oder kaum gefüllt, wird deutlich, dass das Kind in letzter Zeit wahrscheinlich wenig ungeteilte, reflektierte Aufmerksamkeit erfahren hat.

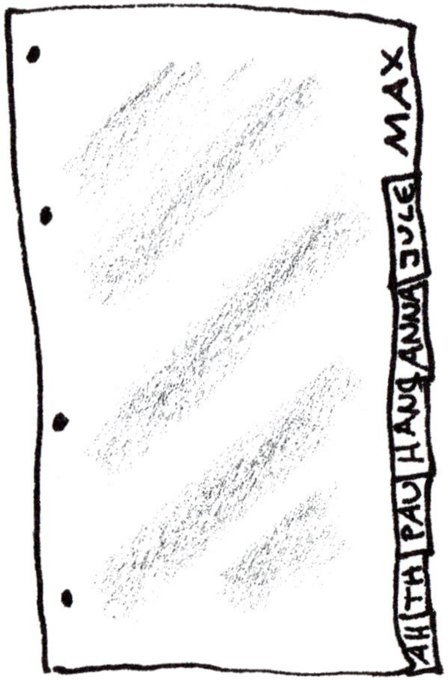

Noki-Register

Buchschrauben als Bindung erlauben maßgeschneiderte Nokis. Die Blätter eines Kindes (aus mehreren Jahres-Nokis) lassen sich bei Bedarf herauslösen und zu einem persönlichen Buch zusammenschrauben.

Wem das Prinzip des Nokis gefällt, wer aber keinen gesteigerten Wert auf die Gefälligkeit und damit den Aufforderungscharakter der Form legt, der kann natürlich auch ein einfaches Ringbuch (vier Ringe) mit fertigem Register kaufen. Statt dem festen A3-Blatt werden zwei einfache A4-Blätter eingelegt. Mit dieser simplen Variante kann man sofort loslegen. Allerdings hat sie ›Aktencharakter‹ und ist dadurch weniger attraktiv.

Schritt für Schritt

- Nehmen Sie festes Zeichenpapier für die einzelnen Seiten, sie werden ein Jahr lang beansprucht! Die Tabs des Registers sind geschwungen und frei Hand in die rechte Außenkante jedes ›Kinderblatts‹ hinein geschnitten.
- Seiten und Cover werden gelocht (➛ Teil 3).

Platzhalter

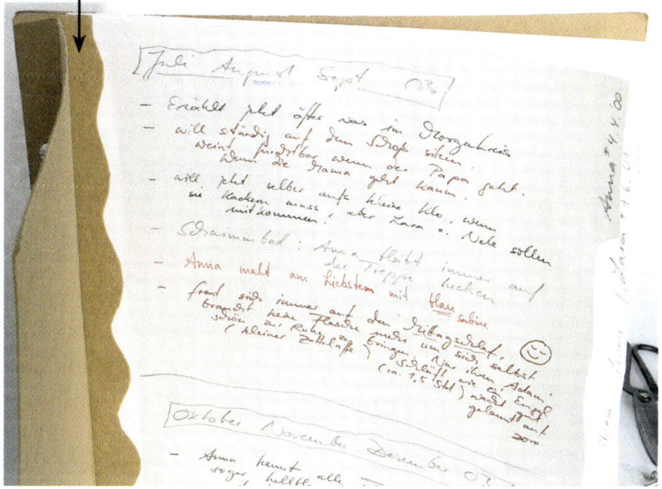

Material & Werkzeug

- Zwei DIN A3-Kartons, 1 mm stark für die Deckblätter
- Eventuell einen weiteren Karton zum Zerschneiden für Platzhalter
- Schönes Foto oder Bild zur Gestaltung des Covers
- DIN A3-Zeichenpapier, so viele Bögen, wie die Gruppe Kinder hat
- Vier Buchschrauben, je nach Gruppengröße und Papierdicke 0,5 cm oder 0,7 cm lang
- Große Papierschere
- Locher mit Leiste
- Weißer und schwarzer Buntstift, Bleistift, Klebestift, Lineal

- Achtung: Deck- und Rückblatt sind aus 1 mm starkem Karton. Gewährleisten Sie deren Beweglichkeit durch vorsichtiges anbringen einer Bewegungsritze (auf der jeweiligen Innenseite) mit Cutter und Lineal.
- Probieren Sie die Buchschrauben ›an‹. Sitzen sie zu locker, weil sie etwas zu lang sind, wird ein Platzhalter gebraucht (➛ Abbildung), d. h. Sie installieren ein wellenförmig geschnittenes Kartonstück zwischen Noki-Deckblatt und erster Seite. Möglicherweise sollte ein zweiter Platzhalter vor das rückwärtige Deckblatt gesetzt werden.

Portfolio

Sinn und Zweck

»Porter« heißt tragen und »Folio« heißt Blatt. Die im Zusammenhang mit dem Thema »Beobachtung und Dokumentation« landläufig beworbenen Portfolios sind nichts anderes als ›Blätterträger‹, also Aktentaschen oder Briefmappen. Sie sind nach der hier dargestellten Auffassung für alle Papiere der Erzieherin gedacht, die die Persönlichkeit und Entwicklung eines einzelnen Kindes dokumentieren: Protokolle, Beobachtungs-, Auswertungs- und Sprachentwicklungsbögen, Fotos … Somit sind Portfolios, die Sie gerne auch Entwicklungsmappen oder ähnlich nennen können, in Kitas ein unersetzliches Arbeitsinstrument.

Portfolios sind hier in erster Linie für Erwachsene und deren Austausch über das Kind gedacht. Das heißt nicht, dass die Kinder nicht aktiv in die Ausgestaltung des Portfolios mit einbezogen werden sollen. Doch sie sind hier, im Gegensatz zu ›Mein Kita-Buch‹, nicht die einzigen Autoren.

In manchen Einrichtungen, vornehmlich in Kitas, die nach dem »Pen-Green-Konzept« arbeiten, werden sie von Erzieherinnen und Eltern gemeinsam bestückt und sind somit wertvoller Bestandteil einer intensiven Eltern-Erzieher-Kooperation.

Im Gegensatz zu Dokumentationsträgern, an denen überwiegend beiläufig gearbeitet wird, finden im Portfolio die gezielten Beobachtungen Eingang. Der vordere Teil der hier abgebildeten Doppelmappen-Variante enthält auf der Innenseite seines Mappendeckels ein übersichtliches Verlaufsblatt. In ihm ist vermerkt, wann durch wen und gegebenenfalls unter welcher Fragestellung bisherige Beobachtungen, Gespräche und Auswertungen stattgefunden haben. Zusätzlich gibt es auf dem Cover des Portfolios eine Übersicht in Form einer Tabelle zum reinen Datencheck. Hier werden lediglich die Beobachtungstermine vermerkt. Um das Beobachtete anschaulich zu machen, zu ergänzen und zu unterstreichen, werden im hinteren Teil Fotos und Bilder gesammelt. Warum sie jemand für das Portfolio ausgewählt hat, sollte die Erzieherin zumindest auf der Rückseite des Bildes vermerkt haben. Fotos auf Karton oder Papier aufzukleben und zu untertiteln wäre die empfehlenswertere Lösung, doch dafür hat man nicht immer Zeit.

Zugänglichkeit

Portfolios enthalten u. U. sehr persönliche Daten über die Entwicklung und die Lebensumstände eines Kindes. Achten Sie sorgfältig darauf, dass die Mappen datenschutztauglich untergebracht sind. Besprechen Sie die Handhabe mit den Eltern. In kleinen, familiären Einrichtungen mag das Vertrauen bestehen, sie in einem offenen Regal unterzubringen und so den ständigen Zugriff zu erleichtern. In anderen Häusern wiederum möchten die Elternvertreter die Portfolios nirgendwo anders wissen als in einem verschlossenen Schrank. Einige Eltern-Erzieher-Teams entscheiden sich auch dafür, nur die Elterngesprächsprotokolle in einem Extraordner unterzubringen, damit die Mappen selbst leicht zugänglich bleiben und ihre stete Nutzung garantiert ist.

Herstellung und Gestaltung

Einfacher geht es kaum: Zwei schlichte, unbedruckte DIN A4- oder DIN A3-Sammelmappen aus Karton werden zusammengefügt. Bei der abgebildeten zweifächrigen DIN A4-Variante sind die Rückwände »kopfüber« aufeinander geklebt. Bei der etwas großzügigeren A3-Variante verbinde ich lediglich die Bewegungsritze (zwischen jeweiliger Mappen-Vorder- und – rückseite) mit einer ›Naht‹ aus dünner Paketschnur, nachdem ich ihre Vorderseiten, ebenfalls »kopfüber«, aufeinander gelegt habe. Hier entsteht sogar ein drittes Fach. Der Unterschied: Die A4-Mappe wird jeweils von vorne oder von hinten geöffnet. Bei der A3-Mappe sind alle Bereiche von vorne zugänglich.

Schritt für Schritt

DIN A3-Doppel-Mappe

- Vorbereitungen wie bei der kleinen Mappe.
- Legen Sie die erste Mappe geöffnet vor sich hin, Innenseite nach unten, Deckblatt nach rechts.
- Legen Sie nun die zweite Mappe geöffnet »kopfüber« auf die erste, Innenseite nach oben, Deckblatt ebenfalls nach rechts.
- Stechen Sie nun mit einer Ahle jeweils alle 2–3 cm ein Loch in die Bewegungsritze beider ›Mappenmitten‹.

Material & Werkzeug

- Zwei Sammelmappen aus Karton, unbeschriftet, DIN A4 oder DIN A3
- Ein bis zwei Heftstreifen aus Karton
- Charakteristisches Foto des Kindes
- Bunte Kartonreste als Schildchen und Passepartout
- Kleber: Teppichklebeband oder Pattex oder Buchbinderleim
- Für DIN A3-Variante: Ahle und dünne Paketschnur
- Weißer und schwarzer Buntstift, Schere

- Machen Sie einen ›Endknoten‹ in ein Stück dünne Paketschnur und fädeln diese auf und ab durch die Löcher. Schön festziehen! Und am Ende verknoten.
- Zur Vorderseite Ihres ›Giga-Portfolio‹ ist nun die ehemalige Rückseite einer Mappe geworden. D. h., wenn Sie das Portfolio aufschlagen, haben Sie links gleich drei Mappenflügel. Ich klebe sie bei dieser Variante immer mit Teppichklebeband zu einer stabilen Tasche zusammen.
- Ihr gegenüber können Sie mit Teppichklebeband zwei Heftstreifen für Ihre Beobachtungsunterlagen und Unterstützungsbögen einkleben.
- Die anderen zwei Fächer sind für Bilder, Fotoposter und Kunstwerke.

DIN A4-Doppel-Mappe

- Bereiten Sie zunächst Folgendes vor
  - Das Schild für den Datencheck, vielleicht auf ein kleines Passepartout geklebt, für die Vorderseite Ihres Doppeldeckers, die Textmappe
  - Ein charakteristisches Foto des Kindes, ebenfalls auf ein Passepartout gesetzt, für die Rückseite des Doppeldeckers, die Bildermappe.
  - Für das Verlaufsblatt, das in den Deckel der Textmappe geklebt wird, bereiten Sie eine einfache, dreigeteilte Tabelle (evtl. auf dem PC) vor: Datum, Thema, Beobachterin.

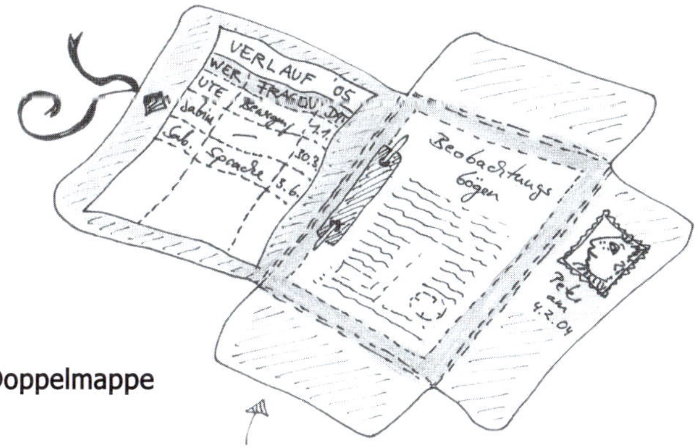

Doppelmappe

Vorderseite für Beobachtungsbögen und Verlaufsblatt

Portfolio

Rückseite für Bildmaterial und Kleinkram

- Legen Sie die eine Mappe so, dass ihre Vorderseite nach unten und ihre Schleife nach links zeigt. Verkleben Sie das Teppichklebeband vollflächig auf ihrem Mappenrücken. Angehende Buchbinderinnen werden natürlich lieber ihr Leimgemisch nehmen (➛ Teil 3).
- Kleben Sie die andere Mappe nun mit der Schleife nach rechts und dem Cover nach oben auf die untere und drücken fest an.
- Kleben Sie das Datencheck-Schild auf die untere Hälfte des Covers Ihrer Textmappe und das Foto auf das Cover Ihrer Bildermappe.
- Nehmen Sie einen Heftstreifen aus Karton und heften ein DIN A4-Blatt ein. Legen Sie Heftstreifen samt Papier in die Textmappe. Wo muss er fixiert werden, damit das Blatt gut Platz hat? Wahrscheinlich muss der Heftstreifen etwas schmaler geschnitten werden.
- Kleben Sie ihn nun mit demselben Klebstoff fest, mit dem Sie die Rückwände der Mappen verbunden haben.
- Legen Sie je einen kleinen Stapel Schmierpapier in die Mappen und pressen Sie das Ganze eine Stunde lang.
- Beschriften Sie Ihre Doppelmappe mit Ihrer Sonntagsschrift. Viel Spaß beim Einheften Ihrer Beobachtungen und anderer Sammelobjekte!

Elternbriefmappe

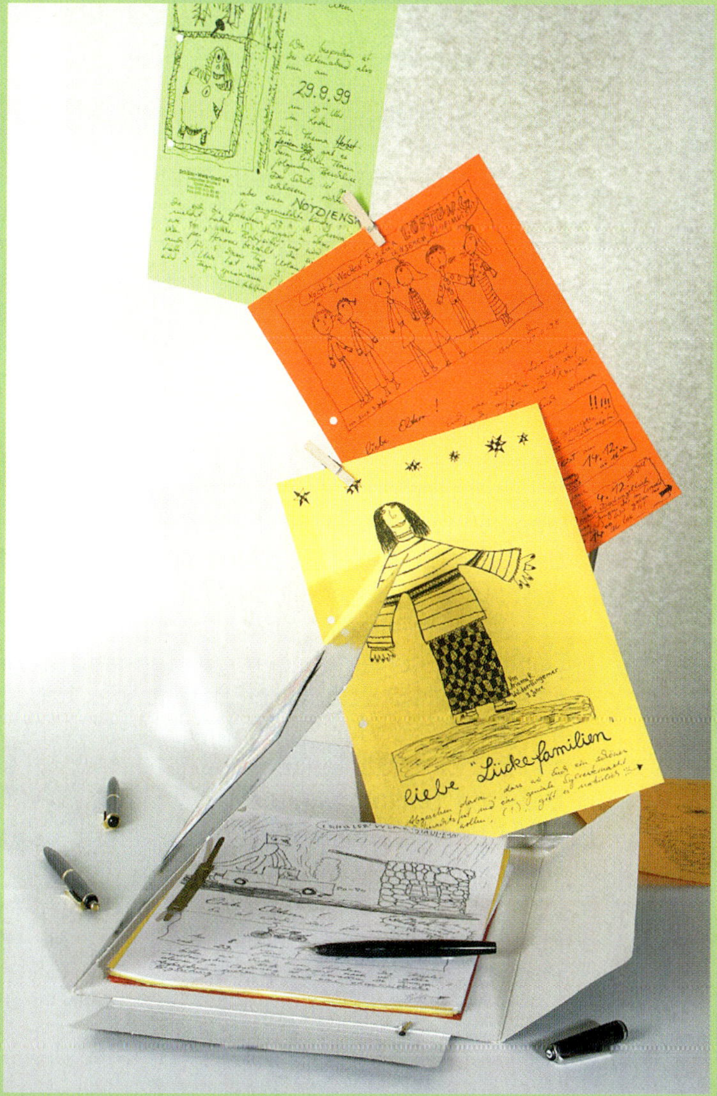

Sinn und Zweck

Es gibt viele gute Gründe, Elternbriefe und Elternbriefmappen zum festen Bestandteil der Kommunikations- und Dokumentationskultur einer Kindertageseinrichtung zu machen. Die wichtigsten werden im Folgenden benannt.

Erzählen, informieren, Zeit gewinnen

Wie viele Elternabende werden mit der ausgiebigen Bekanntgabe von Infos vertan: Ja, Ihr Kind braucht eine Zahnbürste. Ja, wir fahren mit dem Bus um 9:15 Uhr auf den Ausflug ... Wenn wir alle Infos, die kein Gespräch erfordern, ins Schriftliche auslagern, gewinnen wir wertvolle Zeit für das pädagogische Gespräch. Damit die Elternbriefe gern gelesen werden und mehr sind als spickzettelähnliche Datenträger, haben wir sie in der SchülerWerkStadt e. V. zudem zu erzählenden, bebilderten Unikaten reifen lassen. Über die Stimmung in der Gruppe und die markantesten Ereignisse des Monats wurde ebenso berichtet wie über die Planung und Auswertung besonderer Unternehmungen.

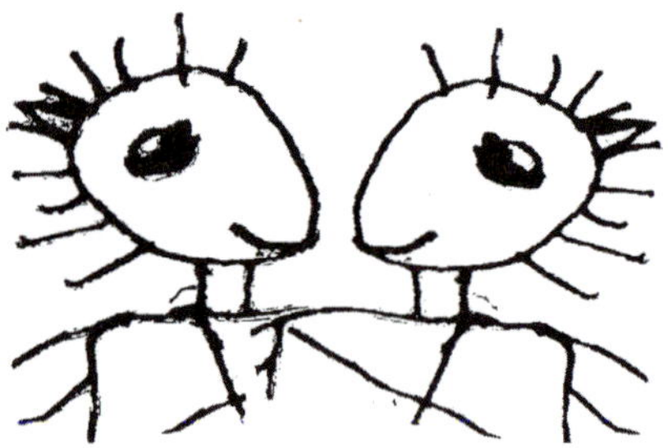

Kinder als Mitgestalter und Miterzähler

Wer den Elternbrief von Hand, mitten in der Kindergruppe sitzend, verfasst, kann diese gut mit einbeziehen. »Wer zeichnet diesmal den Briefkopf? Hauptthema ist die Tschechienreise im Februar ... vielleicht zeichnet ihr etwas mit Schnee? Fällt euch noch etwas ein, was wir schreiben müssen?« Der Stolz der Kinder auf ihr jeweiliges Briefkopfdesign ist groß. Sind Kinder Mitautoren, erhöht das die Identifikation mit dem ›Zettel‹ deutlich und damit steigt auch die Chance, dass die Abschnitte für bestimmte An- oder Rückmeldungen rechtzeitig wieder abgegeben werden.

Elternbriefmappen als Tagebücher

Je mehr Mühe wir uns in der SchülerWerkStadt e. V. mit den Briefen machten und je schöner sie wurden, desto klarer war: Die sind zu schade zum Wegwerfen! Sie sind ja fast wie Tagebuchseiten, es sind richtig wertvolle Dokumente. Kurzum beschlossen wird jeder Familie zu Weihnachten einen Elternbriefordner mit selbst gestaltetem Titelblatt zu schenken, damit sie die Briefe fortan zum Kita-Tagebuch wachsen lassen konnten. Damit hatten wir endlich drei

Fliegen auf einer Klappe: Information, Dokumentation und gemeinschaftliche Geschichtsschreibung.

Herstellung und Gestaltung

Ein einfacher Hefter aus Karton tut es in jedem Fall. Für jede Einrichtung wird eine andere Art der Gestaltung die passende sein. Wir wählten für die erste Mappenserie eine farbige Kopie unserer ›Lose‹ (➛ Kap. Abschiedsalbum) – als Symbol für den Zusammenhalt und die Einzigartigkeit aller Kinder.

Praxistipps

- Es lohnt, die Elternbriefe auf farbiges Papier zu kopieren, damit wird auf den ersten Blick deutlich, welcher der aktuelle ist.
- Ist niemand da, der mit einer sauberen Handschrift aushelfen kann, muss man den Brief auf dem PC tippen.
- Kurze Zwischenüberschriften bzw. eine Zahlengliederung sind für die bessere Überschaubarkeit sinnvoll.
- Termine sollten deutlich hervorgehoben werden.
- Die Briefkopfzeichner werden namentlich erwähnt und zur Signatur aufgefordert.
- Halbwegs regelmäßiges Erscheinen macht den Elternbrief zur guten, verlässlichen Tradition. In der SchülerWerkStadt e. V. erschien der Elternbrief mindestens einmal im Monat.

Material

- Einfacher DIN A4-Hefter aus Karton
- Schwarze Feinliner
- Farbiges DIN A4-Kopierpapier
- Alle Materialien, die Sie zu Ihrer eigenen Gestaltungsidee brauchen

Plusbuch und Logbuch

Sinn und Zweck

Plusbuch und Logbuch – beides sind Kommunikationsmittel und Dokumente, die den alltäglichen Anforderungen in der pädagogischen Arbeit als stabiles Trittbrett dienen. Rückwirkend gelesen und betrachtet, lassen sie uns über unsere Prozesse staunen, schmunzeln – oder auch mal ungläubig den Kopf schütteln.

Das Plusbuch

Das Plusbuch ermöglicht die Ernte positiver Erlebnisse und Errungenschaften im Team. Hier wird nur Gutes vermerkt. Der positive Blick auf die eigene Arbeit will gepflegt werden. Bisweilen hegen wir eher unser Jammern und Stöhnen als unsere vielen kleinen und großen Arbeitserfolge. Sicher, auch Stöhnen ist wichtig und gesund. Es dient uns täglich als verlässliches Ventil für Anspannung, Ärger und die Furcht vor der eigenen Unzulänglichkeit. Doch wer Butter will, muss strampeln. Und für die gute Butter unserer Arbeit sollten wir ein geeignetes Gefäß bereit halten. Im Plusbuch stehen all die Dinge, die gut laufen oder gelaufen sind, auf die wir aufbauen können, und für die wir uns ruhig mal auf die engagierte Schulter klopfen können. Die Eintragungen können sowohl von der Leitung als auch vom ganzen Team vorgenommen werden, z. B.:

- Der Stromausfall hat uns einen herrlichen Ausflug beschert. Auf den Schlitten sitzend aßen die Kinder mittags mit Genuss ihre Pizza. Wir spielten, wir seien in einer fremden Stadt und hätten kein Zuhause. Da wir wollten, dass die Leute dächten, wir seien Fremde, sprachen wir Phantasiesprache, das war wirklich lustig. Als viele von uns ein einem Café pinkeln gehen wollten und wir den gesamten Gastraum mit Schneespuren verunstalteten, war der Besitzer nicht böse!
- Trotz hohem Krankenstand (30 %!) mussten wir keine der Proben des Weihnachtsspiels ausfallen lassen. Die Kolleginnen haben sich hervorragend abgesprochen. Die Eltern waren hilfsbereit und verständnisvoll. Wenn das keine gute Weihnachtsstimmung macht!
- Der Elternabend über das Bildungsprogramm war spitze. Wir haben unsere Sache gut rübergebracht. Mit den Overhead-Folien war das richtig professionell. Die Eltern waren interessiert und hatten zum Teil gute Vorschläge für die Gartengestaltung – ›Mehr Bewegung, mehr Atmosphäre‹ war unsere Überschrift.

Ein Vorschlag: Mindestens zweimal im Jahr sollten die Einträge im Plusbuch bei der Dienstbesprechung vorgelesen werden.

Das Logbuch

Das Logbuch dient der unkomplizierten Kommunikation im Team bezüglich der vielen kleinen Infos, die man zur gelassenen, vorausschauenden Alltagsbewältigung einfach wissen muss. Teams, die mit dem Logbuch arbeiten, entlasten ihre Leitung und ihre Teambesprechungen enorm. Ähnlich wie mit den Elternbriefmappen erwirtschaften wir uns durch die Arbeit mit dem Logbuch wertvolle pädagogische Gesprächszeit. Das Logbuch liegt an einem zentralen Ort der Einrichtung offen aus, und jeder ist angehalten, mindestens einmal pro Tag hineinzusehen:

- Gabi ist bis Montag krankgeschrieben!
- Wer hat noch Legosteine zu vergeben? Unsere werden immer weniger. Sabine
- Ich wünsch euch eine gelungene Woche! Bin bis Dienstag auf Fortbildung (Mathekings) und erzähl euch dann … Wehe ihr lasst mich nicht zu Wort kommen! Houda
- Wer würde sich mal mit uns wegen der neuen Beobachtungsbögen zusammensetzen? Wir verstehen einiges nicht. Manches finden wir auch unlogisch. Oder wir machen noch einmal ein Team dazu?! Tamara, Gunuel und Jaqueline
- Am Mittwoch kommt die Kita-Aufsicht wegen der Bewegungsbaustelle. Wer mag/kann mit dabei sein? Christiane
- Bitte gebt bis Ende des Monats eure Urlaubsanträge im Büro ab, damit wir planen können. Noch einmal: 15.7.–31.7. ist nächstes Jahr Schließung. Christiane
- Carls Mutter hat Stoffreste abzugeben, hat jemand Interesse? Bei Nele melden.

So banal manche Einträge auch klingen mögen, so wertvoll ist die entsprechende Verständigung für reibungslose Kooperationsabläufe im Haus. Missverständnisse und Sätze wie: »Ich hab euch doch neulich schon gesagt, dass …« können auf ein Minimum reduziert werden. Mit dem Logbuch lässt sich ein Dokument schaffen, mit dem das, was normalerweise per ›Flurfunk‹ kommuniziert wird, für jeden jederzeit verlässlich abgefragt werden kann.

Herstellung und Gestaltung

Beide Bücher sind einfache, fertig gekaufte Tage- oder Gästebücher. Das Logbuch ist angenehm in DIN A4. Das Plusbuch kann auch ein kleineres Notizbuch sein. Für die Gestaltung der Cover (passend zum eigenen Haus und den aktuellen Themen) kann, je nach Lust und Laune, einiger Aufwand betrieben werden – oder Sie suchen sich einfach eine inspirierende Postkarte aus.

Kinderzeitung

Sinn und Zweck

Die Kinderzeitung erinnert auf den ersten Blick an eine Schülerzeitung. Auf den zweiten Blick sieht die Sache schon etwas anders aus. Denn die Autoren sind hier immer Erwachsene und Kinder. Wie diese Zusammenarbeit proportioniert ist, das ist abhängig vom Alter der Kinder. Die auf dem Eingangsfoto abgebildete Kinderzeitung, der »Kidsstar«, erscheint seit Sommer 2003 in unregelmäßigen Abständen in der Kita Riemenschneiderweg in Berlin-Schöneberg, einer Kindertageseinrichtung, die bis Sommer 2006 noch Hortkinder betreute. Sinn und Zweck der Zeitung sind eine Beschreibung wert, denn verschiedenste Anliegen verknüpfen sich auf ideale Weise bei ihrer Herstellung und dem anschließenden Vertrieb durch Kinder und Erzieherinnen. Folgende Aspekte erwiesen sich als Mo(tiva)toren für den ungewöhnlichen ›Kita-Journalismus‹.

- Die Zeitung ist aus einer Computer-AG für Hortkinder entstanden, die von einer ehrenamtlichen Mitarbeiterin, einer jungen Seniorin aus dem Umfeld der Kita, liebevoll und zuverlässig betreut wird.
- Die Kinder, die an der Zeitung mitarbeiten, lernen den Umgang mit dem PC.
- Die Zeitung hatte eine Stadtteilzeitung zum Vorbild. Die Idee war unter anderem: Unser kleines Haus kann fast so viele spannende Geschichten liefern wie der ganze Bezirk, oder?
- Die vielen Projekte der Einrichtung verlangten nach einer handlichen Dokumentation, z. B. um interessierten Eltern einen Blick in die Praxis zu gewähren und ihnen Anschauungsmaterial mit nach Hause geben zu können.
- Gespräche mit Kindern über ihre Gedanken und Eindrücke während eines Projekts hatten und haben so hinreißende Ergebnisse, dass sie veröffentlicht werden müssen.
- Die Kita wollte über die Grenzen der Einrichtung hinweg Werbung in einer Form für sich zu machen, die die unterschiedlichsten Familien unmittelbar anspricht.
- Wird während des ›Spätdienstes‹ an der Zeitung gearbeitet, wenn nur noch wenige Kinder im Haus sind, so kommt das Arbeiten an der Zeitung einer Sonderportion Aufmerksamkeit für das jeweilige Kind gleich.
- Die Erzieherinnen fühlen sich durch die Ehrenamtlerin beim Schreiben unterstützt. Sie korrigiert, regt an und lektoriert – aber zensiert nicht.
- Die Ehrenamtlerin hingegen sucht den Kontakt zu Kindern und ein interessantes, nicht zu ausladendes Arbeitsfeld für ihre vielfältigen Kenntnisse.

- Bei Festen wird die Zeitung von den 4- bis 6-Jährigen für 1,– €/Expl. verkauft: Sie werden mit einer »Kidsstar«-Schirmmütze und einer Bauchtasche ausgestattet und erledigen ihren Job mit Stolz und Eifer.

Der ›Kita-Journalismus‹ selbst hat so manches Projekt inspiriert: Wir beobachten und malen die Bäume im Garten und wie sie sich verändern. Es macht Spaß, die Bilder von der Chefredakteurin einscannen zu lassen und sie hinterher in der Zeitung zu sehen.

Herstellung und Gestaltung

Wer in einer Kindertageseinrichtung eine Kinderzeitung zum festen Bestandteil der Dokumentationskultur werden lassen will, wird sich zuerst um personelle Unterstützung durch einen PC-bewanderten Helfer für diese Sache bemühen müssen. So nebenher entsteht eine Kinderzeitung nicht. Mir erscheint die Verbindung von Ehrenamt und junggebliebenen Senioren aus der Nachbarschaft verlockend, Elternmitarbeit ist ebenfalls eine Möglichkeit. Nicht nur, dass mir die Verbindung zwischen Jung und Alt am Herzen liegt. Auch inhaltlich können ältere Menschen sehr zum Gelingen der Zeitung beitragen – z. B. bezüglich journalistischer Recherchen der Einrichtung zu ihrer Geschichte.

Inhaltlich möchte ich noch einmal an die im Kapitel ›Spüren und Spuren hinterlassen‹ beschriebene Kritik an sogenannten Einserschülerdokus erinnern. Lassen Sie sich als Erzieherin nicht durch die Vervielfältigung Ihrer Texte verunsichern. Sie werden ja lektoriert. Beschreiben Sie Ihre Projekte nicht so, als hätte immer alles nach Plan geklappt. Beschreiben Sie das Experimentieren und Forschen aller Beteiligter, einschließlich der damit verbundenen Irrtümer und Umwege. Beweisen Sie Humor und den Blick für die schönen Pannen des Alltags. Die Schere auf dem Tisch ist allemal besser als die Schere im Kopf.

Das Budget für die Zeitung muss vorab geklärt werden. Druckt der Copyshop es billiger, wenn wir seiner Werbung auf der letzten Seite Platz einräumen?

Design und Layout sollten meines Erachtens schlicht und so weit wie möglich von den Gestaltungselementen der Kinder geprägt sein (statt von beliebigen grafischen Spielereien am PC). Handschriftliche Dokumente der Kinder einzuscannen ist sowohl inhaltlich als auch grafisch interessant, sie lockern zudem das gesamte Erscheinungsbild auf. Was Namen und Titel anbelangt: Warum sich nicht von ›echten‹ Zeitungen inspirieren lassen? Wie wäre es mit »Spatz-TAZ« oder »Kleine Welten«? Haben die Kinder eigene originelle Vorschläge?

Zeitmanagement. Im Falle des »Kidsstar« ist die Produktion, zum Teil wenigstens, an die Tage gebunden, an denen die ehrenamtliche Helferin im Haus ist. Die Mitarbeit ist für die Kinder freiwillig, aber nicht unverbindlich. Wer einen Part übernommen hat, muss ihn auch zu Ende führen. Letzteres gilt auch für die Erzieherinnen. Der »Kidsstar« erscheint unregelmäßig, damit die Produktion nicht unter Druck erfolgt. Wenn genügend Material für eine Ausgabe beisammen ist, wird gedruckt. Besondere Anlässe können die Sache natürlich beschleunigen.

Redaktionssitzung, Kassenbuch, Vertrieb – fast wie im richtigen Leben geht es bei der Herstellung einer Kinderzeitung zu. Eine der örtlichen Zeitungsredaktionen zu besuchen, ist Anlass für einen weiteren Artikel, der aus Interviews mit den Kindern über ihre Eindrücke in einem echten Journalistenbüro bestehen kann.

Porträt

Sinn, Zweck und Geschichte

In einem Porträt unserer Einrichtung können wir das lebendige, einzigartige Profil unserer Arbeit zeigen – anstatt das große Einmaleins pädagogischer Standards herunter zu beten. Wird das Porträt zudem äußerlich zur kleinen, das Auge verführenden Kostbarkeit, wird es uns und die Eltern im Alltag begleiten und auch über die Grenzen der Einrichtung hinweg laufend gute Werbung für uns machen. Dieses Kapitel behandelt mit Sicherheit die textlastigste Dokumentation, die Sie in diesem Buch finden werden. Mit ›kreativem Texten‹ ist es hier nicht mehr getan, für den Feinschliff eines Porträts sind Erfahrungen im Formulieren vonnöten. Doch das Team kann sich von schreiberfahrenen Menschen unterstützen lassen. Fragen Sie beim Träger oder im Bekanntenkreis nach. Es gibt nicht wenige Menschen, die geradezu leidenschaftlich gern redigieren und den Rotstift zücken. Die Aussagen in Rohform zu verfassen, hat bisher jede Konzeptions-AG geschafft. Da Konzeptionsarbeit nicht das Thema dieses Buches ist, ich aber doch nicht auf dieses Dokument der Dokumente verzichten wollte, will ich nur auf die Geschichte und ›Bauweise‹ des Porträts eingehen. Denn es unterscheidet sich in seiner Form wesentlich von herkömmlichen Konzepten. Und diese besondere Form ist Teil seines Inhalts.

Exkurs

In der SchülerWerkStadt e. V. hatten wir lange Zeit nur von unseren Visionen und unserer Nachdenklichkeit gelebt: Der Hort als Ort der Erfahrung, der Minidemokratie, der Gemütlichkeit, der Projekte, der Gespräche und der mutigen Verknüpfung mit der großen weiten Welt. Ein schriftliches Konzept war nicht vorhanden, von Konzeptionslosigkeit konnte jedoch keine Rede sein. Wir hatten bereits einige Jahre gut gelebt und gearbeitet, als wir erkannten, dass es allen nützen würde, wenn wir endlich einen aktuellen, aussagekräftigen Text zu Papier brächten. Wir beschlossen, ein buntes kleines Heft zu machen, das unsere Ansprüche erfüllt:

- Das Porträt sollte zum zentralen Dokument unseres ›Schülilebens‹ werden.
- Es sollte nichts anderes enthalten als die Beschreibung des tatsächlich gelebten Lebens und Denkens – inklusive unserer Entwicklungswünsche.
- Es sollte ansprechend sein und gerne gelesen werden.
- Die Kinder sollten an der Gestaltung beteiligt werden.
- Es sollte Fotos, Zeichnungen und viele konkrete Beispiele aus unserer besonderen Praxis enthalten.
- Allgemeinplätze und Blabla waren verboten!

Mit diesem kleinen Heftchen haben wir nun so viel Furore gemacht, dass ich andere Einrichtungen dazu animieren mag, ähnlich verzweigte Wege zu beschreiten. Als Fortbildnerin erarbeite ich mit Erzieherinnen seit einiger Zeit in sogenannten ›Konzeptionswerkstätten‹ das Material und Gerüst für ihre kluge Selbstdarstellung, ihr Porträt. Dabei gibt es einige Grundsätze, die ich hier wenigstens aufmunternd zusammenfassen mag: Alle Erzieherinnen sollen selbstverständlich an den Formulierungen – und dem Nachdenken darüber, ob diese mit der Praxis übereinstimmen – beteiligt sein. Beteiligen Sie zudem die Kinder am Layout und gestalten Sie das Cover mit einem Gemeinschaftswerk. Machen Sie Ihre Einrichtung unverwechselbar, indem Sie Ihre besondere Variante der Umsetzung dieser und jener Idee erzählen. Beschreiben Sie anschaulich Ihre besten Errungenschaften und deren Hintergrund. Beschönigen Sie nichts, stellen Sie Fragen dort, wo noch keine Lösung für ein Problem gefunden ist. Beschreiben Sie den guten Prozess mit seinen differenzierten Zwischenergebnissen. Beziehen Sie sich auf die Bildungsvereinbarungen Ihres Bundeslands, aber beten Sie sie nicht nach. Vermitteln Sie Ihr Bild vom Kind zwischen allen Zeilen, anstatt es mit Sätzen wie »Bei uns stehen die Bedürfnisse des Kindes im Mittelpunkt« (Was sonst?) zu vernebeln. Bewerben Sie die unveräußerlichen Grundsätze und Traditionen Ihrer Einrichtung so, wie sie im Alltag tatsächlich gelebt und nachvollzogen werden können. Sprechen Sie Ihre Leserschaft direkt an. Und, last and least, vermeiden Sie beim Texten Passivformulierungen.

Herstellung und Gestaltung

Hier sind Ihren Ideen wahrscheinlich nur die Grenzen des Geldbeutels gesetzt. Unsere SchülerWerkStadt-Variante ist kostengünstig und kommt dennoch schön ›gekleidet‹ daher. Das gesamte Innenleben der Broschüre ist einfach schwarz/weiß: Text, Fotos, Kinderzeichnungen. Für das Cover haben wir jedoch ein paar Euro ausgegeben, es besteht aus farbigem Fotokarton, eine Laser-Farbkopie ist von Hand aufgeklebt. An der Vorlage für das kleine, bunte Bild waren viele Kinder beteiligt. Es enthält relevante Gegenstände und Szenen aus unserer Alltagskultur. Die Vorgabe von uns Auftraggebern war eindeutig: Jeweils sechs Kinder durften ein Dreieck gestalten. Die Dreiecke, die Mitte und den Rahmen hatte ich vorab angezeichnet.

Zum Format: Alles, was außerhalb der DIN-Norm liegt, erfreut das Auge. Allerdings verschwendet man durch den Zuschnitt auch etwas Papier. Ich habe aus diesem Grund auch andere Formate als das von mir geliebte Quadrat ausprobiert und festgestellt: DIN

A5 quer, wie ein kleines Notenheft, ist ebenfalls eine schöne Sache. Oder DIN A4, hochkant halbiert? Was das Erstellen der druckfertigen Datei für den Copyshop anbelangt: Ich habe gute Erfahrung damit gemacht, versierte, PC-erfahrene Eltern oder Freunde des Hauses um diesen Gefallen zu bitten. Können sie den Prozess der Konzeptionsfindung auch inhaltlich mitverfolgen und begleiten, sind sie oft hoch motiviert, die Einrichtung ihres Kindes bei der Selbstdarstellung zu unterstützen.

Okeydokey – Dokumentation für Krippenkinder

Sinn und Zweck

Krippenkinder sind Intensivlerner. Unter anderen sind sie intensiv damit beschäftigt, ein Zeitgefühl zu entwickeln und Wiederkehrendes von Einmaligem zu unterscheiden. Sie arbeiten daran, nach und nach sämtliche Geschehnisse in der Kita zu begreifen. Auch für Vorgänge, die außerhalb dessen liegen, was sie selbst unmittelbar betrifft, haben Kleinkinder, wie wir wissen, eine starke Wahrnehmung. Jede Erzieherin kann von sensiblen Reaktionen auf scheinbar unwichtige Begebenheiten berichten.

Okeydokeys wollen dem Kind nicht nur helfen, das eigene Umfeld zu verstehen. Sie wollen dem alltäglichen Erzählen über die Dinge von Anfang an seinen verdienten Platz neben dem alltäglichen Erleben der Dinge einräumen. Die Idee der Okeydokeys liegt darin, sich von den handelsüblichen, kartonierten ›Babybüchern‹ etwas abzugucken und ebenso stabile, lutsch- und beißfeste Alltagsdokumentationen für die Allerjüngsten herzustellen. Was abgebildet werden soll? Das Leben der Krippenkinder selbst. Es darf begriffen werden! Das in diesem Kapitel vorgestellte Okeydokey zeigt ein in der Kita heißgeliebtes Album: ›Was im letzten halben Jahr bei uns alles so los war‹. Sowieso als aufregend empfundene Ereignisse können wieder und wieder betrachtet und mit der Erzieherin bestaunt und besprochen werden. Ein einziges Bild vermittelt das jeweilige Ereignis, die jeweilige Situation, z. B.:

- Chiara hat Laufen gelernt.
- Die Hortkinder haben gebildhauert und wir konnten zugucken.
- Wir haben uns oft um die Schaukel im Garten gestritten.
- Im Oktober war die lustige Praktikantin Marie bei uns.
- Im Winter mussten wir uns immer ganz warm anziehen.
- Tom kann jetzt alleine essen.
- Hinter unserem Bastelregal wohnte eine kleine Spinne.
- Wir haben einen neuen Teppich und der ist ganz weich.

Die innere Verarbeitung der vielfältigen Eindrücke im ›Abenteuer Krippenalltag‹ ist damit aufs Beste unterstützt. Die Erzieherin erzählt den Kindern deren Leben, statt immer nur das von Willi Wiberg oder das der Kuh auf dem Bauernhof. Weitere Okeydokey-Ideen:

- ›Das Elternbuch‹ – ein Foto von jedem Kind mit seinen Eltern
- ›Das Suchbuch‹ – Fotos von kleinen Details im Gruppenraum oder in der Kita, die die Kinder kennen, z. B. das Auge des Schaukelpferds, der Drehknopf

der Heizung, der Türgriff, das Muster des Teppichbodens (»Wo ist das?«)
- ›Das Kochbuch‹ – Fotos vom Koch, der Küche und den Lieblingsgerichten der Kinder.

Herstellung und Gestaltung

Okeydokeys sind Fotos auf Fotokarton, mit einer kleinen Zeile Text versehen, laminiert und im Anschluss mit Heftringen zusammengehalten werden. Auf den Text, so geringfügig er auch sein mag, sollte großer Wert gelegt werden. Denn das Okeydokey will etwas Bestimmtes erzählen, hat ein bestimmtes Thema und will nicht nur bunte Bilder zeigen. Das Okeydokey soll sich zudem auch Außenstehenden erschließen, d.h. auch von Eltern und Geschwistern lesbar sein. Die Größe sollte DIN A5 nicht überschreiten, damit die Kinder die Bücher schön in der Hand halten und herumtragen können. Bei der Auswahl der Bilder ist Folgendes zu beachten:

- Möglichst kontrastreiche Bilder
- Bilder, auf denen einzelne Menschen gut zu erkennen sind
- Bilder, auf denen man gut erkennt, was diese Menschen tun
- Bilder, von denen Sie ahnen, dass die Kinder die abgebildete Situation oder den abgebildeten Gegenstand bereits kennengelernt haben
- Witzige Bilder.

Material & Werkzeug

- Prägnante Fotos aus dem Kita-Alltag
- Fotokarton
- Zwei Heftringe, 1 cm oder 1,5 cm Durchmesser, je nach Vorhaben
- Laminiergerät mit DIN A5-Laminierfolien
- Locher mit Leiste
- Klebestift, große Papierschere, weißer Buntstift oder am PC vorbereitete Textschnipsel

Haben Sie erst einmal Ihre Fotokiste ausgekippt und mit der Produktion begonnen, lässt sich schnell das sogenannte Okeydokey-Fieber diagnostizieren. Stellen Sie eine kleine Kiste oder einen Korb mit Okeydokeys in die Krabbelecke ihres Gruppenraums. Sie werden staunen, wie gerne sich die Kinder diese Bücher ›ihres eigenen Lebens‹ ansehen oder wie hingebungsvoll ältere Geschwisterkinder sie ihnen immer wieder vorlesen.

Abschiedsalbum

Sinn und Zweck

Abschiedsalben erlauben uns, einen würdigen Abschied miteinander zu begehen und uns gegenseitig gut in Erinnerung zu behalten. War ein Kind viele Jahre in einer Einrichtung, ist es schön, wenn es beim Abschied erfährt: Wir haben uns gut gekannt, stimmt's? Ich habe deine Vorlieben und Abneigungen, und deine besonderen Fähigkeiten kennengelernt – und wir haben auch manche ›komische Geschichte‹ zusammen erlebt. Ein Abschiedsalbum für ein Kind zusammenzustellen – das hilft auch der Erzieherin beim Abschied nehmen. Wer kennt das nicht: wir sehen die alten Bilder und glauben es kaum. Die gewaltige Entwicklung und die unverwechselbare Art des Kindes, gleichzeitig ganz es selbst und Teil der Kindergemeinschaft zu sein, stehen uns deutlicher denn je vor Augen. Sentimental zu werden ist in diesen Momenten nicht schwer.

Zeitmanagement? In die Herstellung der Abschiedsalben, das muss ich zugeben, ist während meiner Zeit als Erzieherin auch immer etwas private Zeit geflossen. In dieser Hinsicht bilden die Alben eine Ausnahme zu den anderen Dokumentationsmodellen.

Herstellung und Gestaltung

Das Foto gibt zu erkennen, dass die Buchform die allereinfachste ist – ›verbandelte Seiten‹. Doch beachten Sie die Details. Das jeweilige bunte Los auf der Titelseite des Abschiedsalbums ist eine Erwähnung wert. In der SchülerWerkStadt muss jedes neue Kind in den ersten zwei Wochen einige besondere Aufgaben erledigen – sich ein Garderoben- und Schubladenschild entwerfen, sägen und bemalen, sich ein Los entwerfen und malen. Die Lose sind dazu da, ungeliebte oder heißgeliebte Dinge auf unkomplizierte Art aufzuteilen oder zu klären. Wer trägt den Komposteimer in den Garten? Wer kriegt den letzten Keks? Die Lose liegen immer auf einem großen Messingteller und dokumentieren Vielfalt und Gemeinschaft. Wenn ein Kind die SchülerWerkStadt verlässt, hat es mit Sicherheit vielmals sein Los – und damit

Material & Werkzeug

- Fotokarton
- Breites Lederband oder Bastband
- Fotos und andere Dokumente
- ›Lose‹ oder andere persönliche Requisiten
- Locher
- Klebestift oder Fotokleber
- Helle Buntstifte, Gelstifte, Schere

mal den Längeren, mal den Kürzeren gezogen. Prangt das Los nun auf dem Abschiedsalbum, bezeugt es gleichzeitig eine der ersten Handlungen des Kindes in der Einrichtung als auch eine Vielzahl von ebenso aufgeregten wie ›gerechten‹ Situationen.

Da der Dokumentationsträger selbst ansonsten unspektakulär ist, möchte ich das Gestalterische hier auf das Inhaltliche beziehen. Der Text der Abschiedsalben ist wichtig: Ich stelle mir vor, das Kind guckt sich später, mit 16 oder 25 Jahren, sein Album noch einmal an. Es soll den Geschmack seiner Kita- oder ›Schüli‹-Zeit auf den Lippen haben, wenn es die Zeilen liest. Es soll den guten Kontakt spüren, den wir (hoffentlich) hatten. Unseren Schabernack erinnern. Unsere Abenteuer und unsere Rangeleien. Das bedeutet: Ich schreibe immer ein persönliches Vorwort, wie einen Brief. Dann untertitele ich die Bilder und versuche dabei, so viele Details wie möglich zu erinnern und nicht an Sätzen zu sparen. Auch Fragen an das Kind einzuflechten ist eine schöne Möglichkeit, zum Abschluss ins Gespräch über dessen eigene Erinnerungen zu kommen. Möglich ist auch die Version ›Lügenmärchen‹. Für einen besonders pfiffigen Jungen schrieb ich unter jedes seiner Fotos haarsträubende Flunkereien. Sie hätten, vom Bild her, zwar wahr sein können – sie waren es aber nicht. Dieses Album wurde uns wieder und wieder mit dem allergrößten Vergnügen von dem Jungen vorgelesen, bevor er tatsächlich Kiste und Hausschuhfach lehrte und ging. Doch Achtung beim Flunkern. Ganz so leicht ist das nicht und ich würde es auch nur für Schulkinder in Erwägung ziehen. Wir müssen ein Kind gut kennen, um zu wissen, mit welchen Scherzen wir ihm tatsächlich Freude bereiten. Im Zweifelsfall sollten wir darauf verzichten.

Klappdach-Buch

Sinn und Zweck

Das Klappdach-Buch kann als schöne Spielerei betrachtet werden. Gerade deshalb ist es äußerst beliebt. Erzieherinnen wissen, dass Kinder sich für Dinge begeistern, an denen man etwas bewegen, etwas öffnen oder aus denen man etwas hervorzaubern kann. Die Blätter dieses Buches ermöglichen ihren Lesern diese Initiative. Auf den ›einfachen Seiten‹ sind Fotos aufgeklebt, wie in jedem anderen Fotoalbum auch. Allerdings sind sie mit Fragen untertitelt, deren Antworten dann unter dem ›Dach‹, das sich hochklappen lässt, zu finden sind. Eine Art Rate- und Versteckspielbuch also. Die Klappdach-Bücher werden durch dieses Fragen und Foppen zu heiß geliebten Objekten. Sie gehören in die Kategorie der Dokumentationen, die dazu da sind, das eigene Wuseln und Werden im Alltag auf pfiffige Weise zu reflektieren.

Herstellung und Gestaltung

Das Klappdach-Buch ist aus einem einzigen großen Bogen Fotokarton gebaut (Tonpapier ist zu weich). Egal, welche Größe der Bogen hat, es bleibt immer dasselbe Prinzip (➛ Abbildung Bastelbogen). Das auf dem Eingangsfoto abgebildete Buch habe ich aus einem DIN A2-Bogen geschnitten. Es hat eine fertige Größe von DIN A5. Das Klappdachbuch besteht aus Blättern in drei verschiedenen Ausführungen: ›Einfache Blätter‹ (erstes und letztes Blatt), ›Dachblätter‹ (zweites, viertes, fünftes und siebentes Blatt) und die kleinen ›Spitzblätter‹ (drittes und sechstes Blatt).

Zur Gestaltung der Innenseite des ›Dachs‹ lassen sich hervorragend die Schnipsel misslungener Fotos benutzen. Oft habe ich aus diesen einzelne Köpfe und Figuren ausgeschnitten und ihnen eine Sprechblase mit der Antwort auf die eben erwähnten Fragen angedichtet. Manche Sprechblasen fragen auch einfach frech zurück.

Die Spitzblätter (➛ Abbildung) sind weniger raffiniert. Sie hängen einfach wie Briefchen zwischen den anderen Seiten und erlauben uns kleine inhaltliche Abschweifungen oder Vertiefungen. Wer z.B. das Klappdach-Buch als Theaterbuch plant, kann hier ein Zitat aus dem Drehbuch unterbringen; passende Fotoschnipsel lassen sich an dieser Stelle natürlich ebenso schön verwenden wie ›unterm Dach‹.

Schritt für Schritt

- Legen Sie Ihren Bogen hochkant vor sich auf den Tisch.
- Zeichnen Sie rechts und links zuallererst (wichtig!) die beiden jeweils 2 cm breiten Seitenkanten für die Lochung und Bindung des Buches an.
- Ignorieren Sie von nun an diese Seitenkanten und gehen für alle folgenden Schritte von der in seiner Breite verkleinerten Grundfläche aus.
- Alle weiteren Flächen entstehen ganz einfach durch halbieren und vierteln.
- Teilen Sie die Fläche in acht gleich große Felder (leicht anzeichnen).
- Schenken Sie nun Feld 3 und 6 besondere Aufmerksamkeit: Vierteln sie jedes der beiden Felder (leicht anzeichnen).

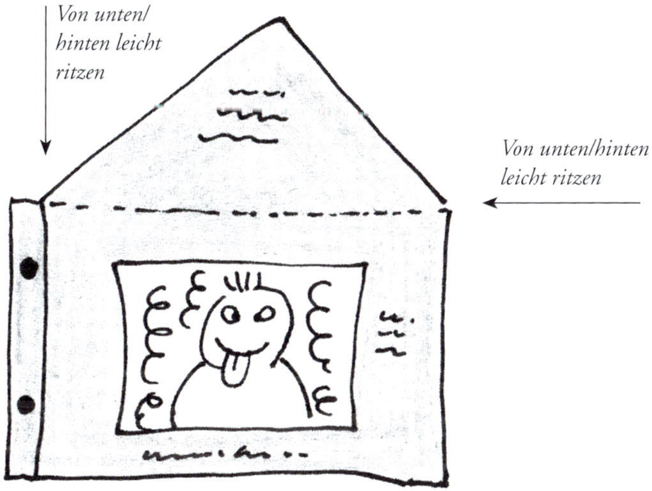

Dachblatt

Spitzblatt

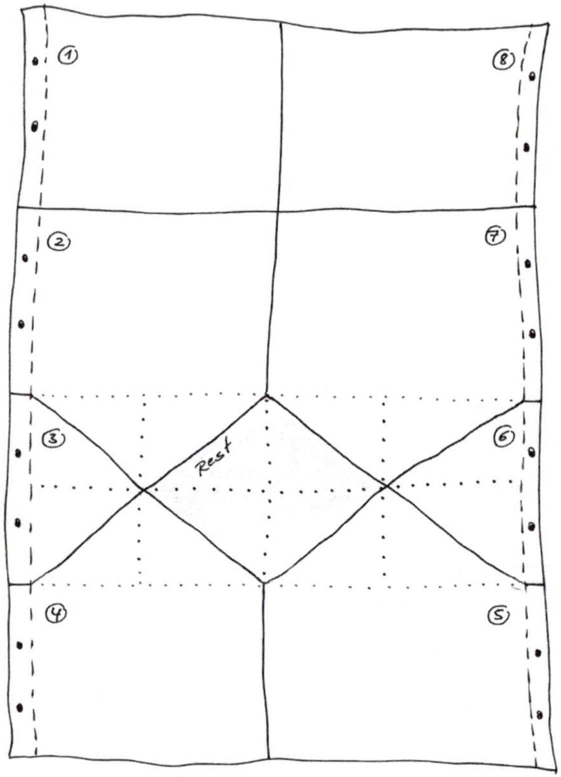

- - - - - = anritzen
. . . . . . = anzeichnen
——— = schneiden

Klappdach-Buch, Bastelbogen

Material & Werkzeug

- DIN A2-Fotokarton (oder auch größer)
- Breites Lederband oder Lederstück
- Fotos
- Cutter, Schere
- Lineal (idealerweise 60 cm lang und mit Winkel)
- Locher mit Anschlagleiste
- Klebestift
- Spitzer Bleistift, Radiergummi, eventuell Gel- und Silberstifte, weiche Buntstifte

- Ziehen Sie nun jeweils zwei Diagonalen durch den entstandenen Mittelpunkt. Achtung: Ignorieren Sie weiterhin die 2 cm breiten Seitenkanten! Ihr Ausgangspunk für die Diagonalen, liegt dort, wo das Blatt beginnen würde, wenn sie nicht vorhanden wären.
- Durch Ihre Diagonalen sind nun zwei kleine Spitzblätter und vier ›Dächer‹ für die Blätter 2, 4, 5 und 7 (und ein kleiner rautenförmiger Rest) entstanden.
- Schneiden Sie nun mit Cutter oder Schere an den im ›Bastelbogen‹ ununterbrochenen Linien entlang.
- Stellen Sie die Anschlagleiste Ihres Lochers passend ein und lochen alle Seitenkanten mittig.

- Legen Sie Ihre Blätter den Nummern entsprechend aufeinander, die ›Dächer‹ jeweils nach oben zeigend.
- Ist die Laufrichtung (➛ Teil 3) Ihres Ausgangsbogens längs, müssen Sie die Falzlinien der ›Dächer‹ leicht anritzen, um sie sauber umlegen und falzen zu können. Beachten Sie: Die Ritze soll Bewegungsspielraum geben. Sie liegt also immer entgegen der Richtung, in die das Blatt gefaltet wird.
- Bei Laufrichtung Ihres Ausgangsbogens quer müssen die Falzlinien der Seitenkanten leicht angeritzt werden, damit sich das Buch später gut blättern lässt.
- Haben Sie alle acht Teile gut gelocht, gefalzt und gegebenenfalls geritzt, können Sie Ihr Buch nun mit einem selbst zurecht geschnittenen Streifen weichen Leders (5–6 mm breit, Enden spitz) zusammenbinden. Breites weiches Lederband schmiegt sich in die Lochung und gibt eine erstaunlich stabile Verbindung. Bei handelsüblicher Lederschnur hingegen bleibt immer Bewegung zwischen den Blättern, was im Falle Klappdach-Buch schade wäre.
- Sie können die Seitenkanten auch mit in paar Tropfen Kleber zusammenkleben, bevor Sie sie binden.
- Die ›Rest-Raute‹ kann zur Gestaltung des Titelblattes verwendet oder entsorgt werden.

Klassiker

Sinn und Zweck

Wozu ein Kapitel über diese alt herkömmlichen Fotoalben, wie wir sie von unseren Groß- oder Urgroßeltern kennen? Was ist daran beschreibens- und empfehlenswert? Die ›Klassiker‹, das sind kostbare Bücher, die uns äußerst behutsamen Umgangsformen abverlangen. Sie zu bestücken, oder sie öffnen, darin zu blättern, das erfordert dieselbe sinnliche Aufmerksamkeit und Konzentration, wie wenn ich eine Geige vorsichtig ins Seidentuch hülle, um sie in ihren mit Samt ausgeschlagenen Kasten zu legen. Klassiker sind demnach keine Alltagsbücher. Sie sind bestückt mit Bildern und Texten von herausragenden Ereignissen. Sie stehen nicht in der Krabbelkiste. Sie werden ab und zu feierlich angeguckt, mit sauberen Händen, am sauberen Tisch. Sie gehören in die ›Schatztruhe‹ der Kita.

Das mit dem Muster eines Spinnennetzes geprägte Pergamynpapier hat mich als Kind immer fasziniert: Es raschelt so schön – wie Seidenpapier, das Durchschimmern der nächsten Fotos durch die nebligen Spinnweben, die ständigen Mahnungen meiner Mutter: »Vorsicht, das ist ganz empfindlich!« (wie jede Spinnwebe) und die Assoziation, dass alles, was unter Spinnweben verborgen liegt, wohl ziemlich alt sein muss (wie die Dinge auf unserem Dachboden), also folglich die Kombination »alt ist wertvoll« statt »alt ist oll« auf eine Weise vermittelt wurde, dass sie uns Kindern Respekt einflößte.

Zu diesen Eindrücken hinzu kamen und kommen die unsere Feinmotorik herausfordernden Fotoecken. Es erfordert viel Geschick, sie so zu setzen, dass sie im rechten Winkel zueinander stehen; für das Einstecken der Fotos ist ebenfalls viel Feingefühl erforderlich. Meine Eltern arbeiteten mit Bleistift und Lineal – ein Fotoalbum zu bestücken, war eine bedeutungsvolle Angelegenheit, nicht nur wegen der damaligen Fotopreise. Sie werden ahnen, worauf ich hinaus will: Die Klassiker ermöglichen uns kleine Fluchten aus unserer »Praktisch-quadratisch-gut-Mentalität«. Sie sind richtig schön kompliziert. Sie haben die Ausstrahlung eines sorgsam verwahrten, wohl erhaltenen alten Hochzeitskleids.

Mit den Klassikern möchte ich dafür werben, auch den zarten zerbrechlichen Dingen ihren gebührenden Platz in der Kindergruppe einzuräumen. Kinder können damit ebenso achtsam umgehen wie mit Omas russischer Blumenvase oder dem ersten Marienkäferchen im Mai.

Die inhaltlichen Herausforderungen, die sich aus dem Klassiker ergeben, sind vielfältig:

- Wie wär's mit einem Spinnenbuch? Die meisten neuen Kameras haben eine Makroeinstellung. Jede

Spinne in Kita und Garten wird aufgenommen und beobachtet statt rasch entfernt.

- Die Geschichte der Einrichtung: Was war früher an diesem Ort? Alte Leute aus der Nachbarschaft interviewen. Sie fragen, ob sie Fotos von früher haben und ob sie die, auf denen das Gelände unseres Hauses zu sehen ist, zum Kopieren zur Verfügung stellen würden.
- Kopien von Fotos aus der Kindheit der Großeltern unserer Kinder sammeln und zum Album machen. Jeweils ein Bild des Enkelkindes neben ein Großelternfoto kleben: Wie anders waren damals Kleidung und Frisuren …

Herstellung und Gestaltung

Klassiker kann man natürlich fertig kaufen. Ebensogut können wir die Alben jedoch auch selber bauen, denn das schöne, spinnwebige Pergamynpapier kann auch einzeln erworben werden. In diesem Fall rate ich Ihnen zu einer Bindung mit Buchschrauben, wie beim Noki. Wollen Sie ein Album höchster Qualität herstellen, sollten Sie sich mit einem buchbinderischen Fachbuch auseinandersetzen (z. B. Zeier 1990), denn für solche Anleitungen fehlt uns hier der Raum. Kinder können sich ganz einfache kleine Alben zusammenbauen, die den Klassikern nachempfunden sind. Mit Butterbrotpapier als Trennblatt, Nieten oder Musterbeutelklammern als Bindung und echten Fotoecken, in die sie diverse Fotoschnipsel oder selbst gemalte Bildchen einstecken können.

Giga-Ordner

Sinn und Zweck

Der Giga-Ordner hilft Ihnen, in Zukunft sämtliche Foto-Poster der Einrichtung zum langlebigen Buch zu machen. Um die Poster nach der Präsentation vor dem Verstauben zu retten, bietet der Giga-Ordner gänzlich neue, zeitsparende und vielseitige Möglichkeiten. Er kann als Postersammler verstanden werden. Die einzelnen Poster und Präsentationen müssen nur einem Gesetz folgen: Sie müssen stets aus DIN A3-Kartons zusammengesetzt worden sein. Das A3-Maß ist das Maß, auf das wir uns aus guten Gründen einigen sollten. DIN A2 ist nichts anderes als zwei A3-Kartons nebeneinander. Jedes größere Maß lässt sich ebenfalls aus A3-Bausteinen zusammensetzen.

Der Giga-Ordner lädt dazu ein, viel Kreativität und Sorgfalt auf die Erstellung der Poster zu verwenden. Denn sie werden im nächsten Moment Teil eines prächtigen, wachsenden Buchs, man kann sagen, eines Jahresberichts. Das Verfassen eines kleinen Vorworts, anspruchsvolle Untertitel und dergleichen lohnen sich, denn das Werk wird viele Jahre wohlbeachtet sein. Eine einladendere Art, das eigene Haus in seiner ganzen Vielfalt der Themen, Arbeitsfelder und Geschichten darzustellen, gibt es kaum. Jede Erzieherin ist aufgefordert, ihren Teil zum Ganzen beizutragen. So ist der Giga-Ordner nicht nur Abbild des bunten Treibens in der Kita, sondern auch schönes Symbol einer gelungenen Zusammenarbeit. Als beeindruckendes Unikat ist der Giga-Ordner auch sehr gut geeignet, um die Reise zum Schreibtisch eines praxisfernen Beamten anzutreten oder beim Stand des Stadtfests ausgelegt zu werden. Der einzige Mehraufwand im Vergleich zu bisheriger Praxis ist der: Es muss einmal im Jahr aus zwei Ordnern einer gemacht werden.

Herstellung und Gestaltung

Das Wichtigste ist, sich von der Vorstellung zu lösen, dass der Karton, aus dem ein Aktenordner besteht, zu dick wäre, um ihn mit Schere oder Cutter passend zu schneiden. Wie schnell und unkompliziert das Zerschneiden geht, ist bei meinen Fortbildungen immer das größte Aha-Erlebnis der Erzieherinnen. Es dauert höchstens 20–30 Minuten, den gesamten Rohling herzustellen. Was folgt, ist das Kaschieren des Ordners innen und außen mit bunten Papierresten. Es ist die aufwendigste, aber auch die schönste Arbeit. Für Kinder ab zweieinhalb Jahren ist das Kaschieren eine wunderbare Beschäftigung. Jeder kennt die tropfenförmigen Laternen: Man beklebt einen Luftballon mit Fetzen von Papier und Kleister, lässt das Ganze trocknen und zieht den Luftballon am Ende heraus. Bei unserem Giga-Ordner ist es fast dasselbe. Nur dass wir den Ordner drin lassen und unseren Kleister mit Leim vermischen, damit die Sache haltbarer wird (Kaschieren ➛ Teil 3).

Schritt für Schritt

- Zeichnen Sie bei beiden Ordnern die Kürzungen sehr exakt mit dem Lineal an (➛ Abbildung Giga-Ordner, Rohling). Beim ersten Ordner sind dies 6 cm an der unteren Kante, beim zweiten Ordner 8 cm an der oberen Kante. Achten Sie dabei darauf, ob die Beringung beider Ordner auf der rechten Innenseite ist.
- Kürzen Sie beide Ordner mit der Schere oder dem Cutter ein. Jeder muss für sich selbst herausfinden, welches Werkzeug ihm besser in der Hand liegt. Die abgeschnittenen Teile brauchen Sie noch, sie müssen seitlich angesetzt werden. Also zerschneiden Sie sie nicht.
- Legen Sie nun die beiden Ordner so aneinander, dass die Bewegungsrillen der Ordnerrücken ineinander übergehen. Verbinden sie die beiden Ordner mit ein paar Schnipseln Verpackungsband. Testen Sie, ob sich der Giga-Ordner gut auf- und zuklappen lässt! Meist ist das auf Anhieb der Fall.

Bisherige Praxis: Alles DIN A2 oder DIN A1

Empfohlene Praxis: Alles aus DIN A3 … Alles im Giga-Ordner sammeln!

Kita-Plakate, empfehlenswerte Praxis

- Dann verbinden Sie die gesamte Mittelnaht, d. h. die Oberkante vom ersten Ordner mit der Unterkante vom zweiten Ordner, indem Sie das Verpackungsband straff um den gesamten Ordner herumkleben. Kleben Sie zwei bis drei Lagen, innen und außen. Wenn diese nicht exakt aufeinander liegen, um so besser, dann zeichnen sie sich beim Kaschieren später nicht so ab. Das Guckloch im Ordnerrücken sollten Sie komplett aussparen, damit man später den edlen Metallring noch sieht. Man kann sich mit kleinen Verpackungsband-Fetzen rechts und links vom Loch behelfen.
- Nun hat der Ordner bereits die Höhe für DIN A3-Papiere, aber noch nicht die entsprechende Breite. Die abgeschnittenen Streifen aus Ordnerkarton müssen seitlich angesetzt werden. Wenn man gleich zwei Giga-Ordner herstellen möchte, also vorbereitend vier Ordner auf die beschriebene Weise zerschnitten hat, kann man jetzt an den einen Rohling die zwei 8 cm breiten Streifen, an den anderen Rohling die beiden 6 cm breiten Streifen setzen. Ansonsten muss nun der breitere Streifen auf 6 cm verschmälert werden, so dass zwei gleich große Stücke an den Ordner angesetzt werden können. Dass diese so lang sein müssen, wie der Ordner hoch ist, versteht sich von selbst. Ist eine der metallenen Verstärkungen (an der Ordnerunterseite üblich) beim

Ordner 1: unten 6 cm abschneiden

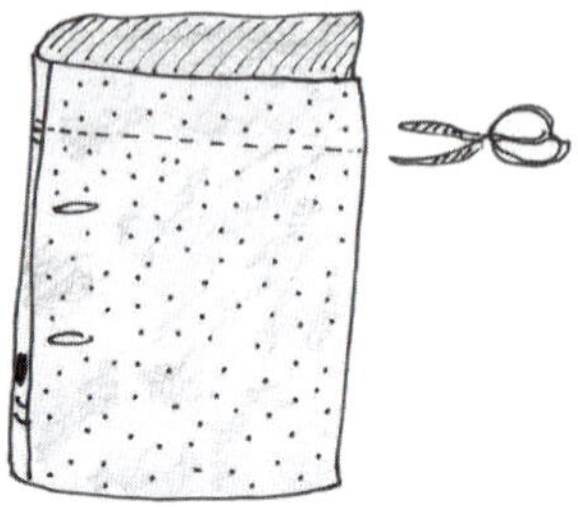

Ordner 2: oben 8 cm abschneiden

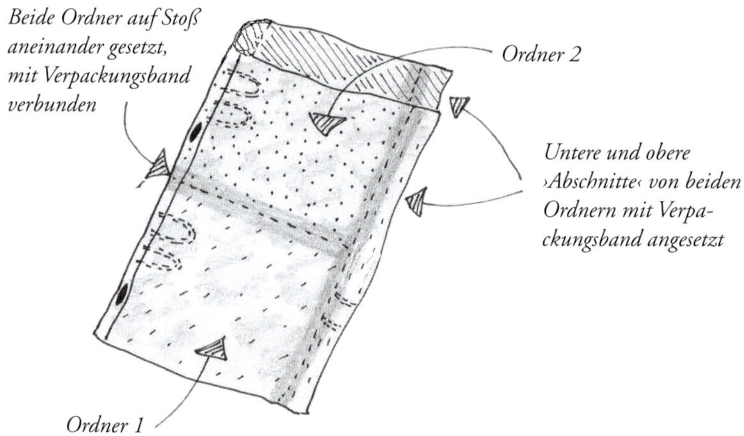

Herstellung des Rohlings

Kürzen eines Streifens im Weg, so kann sie einfach abgezogen werden.

- Setzen Sie nun Ihre beiden Streifen mit drei Lagen Verpackungsband seitlich an den Ordner an. Verpackungsband-Bahnen leicht versetzen und gut andrücken. Lassen Sie sich nicht von den Bewegungsrillen des ehemaligen Ordnerrückens in Ihren Seitenstreifen stören. Die werden, wie alle anderen Rohbau-Spuren auch, am Ende gut kaschiert sein.
- Wenn Sie die Ecken Ihres Giga-Ordners nun mit Buchbinderleinen verstärken wollen: ➛ Teil 3.

- Zum Kaschieren des Ordners und zum Anrühren des Leim-Kleister-Gemisches: ➛ Teil 3.
- Das Schild für den Deckel fertige ich gern aus einem der kleinen Reststücke des Ordnerkartons. Wenn man es zurecht schneidet und die Seitenkanten mit einem schwarzen Filzstift einfärbt, sieht es fast wie Schiefer aus. Es darf jedoch erst aufgeklebt werden, wenn der Ordner vollständig durchgetrocknet ist (mit reinem Leim oder Pattex).

Material & Werkzeug

- Aktenordner
- Bunte Papierreste
- Weißer Holzleim
- Tapentenkleister
- Buchbinderleinen, falls verstärkte Ecken erwünscht
- Verpackungsband aus braunem Kraftpapier, selbstklebend
- Pattex
- Alte Zeitungen
- Lappen
- DIN A3-Fotokartons
- Weißer Buntstift, Bleistift, schwarzer Filzstift, Radiergummi
- Große scharfe Papierschere, Cutter
- Lineal
- Locher mit Anschlagleiste
- Minischneebesen
- Gurken- oder Honiggläser

Und nun viel Spaß beim Bestücken Ihres Giga-Unikats!

Zeitungshalter- und Hosenbügel-Doku

Sinn und Zweck

Mobile Dokumentationen sind gefragt. Solche, die sich rasch und flexibel präsentieren lassen. Mal auf Augenhöhe der Kinder, mal auf Augenhöhe der Eltern. Schnell können die Wände eines Raumes mit Hosenbügeldokus zu ›sprechenden Wänden‹ gemacht werden.

Für Hosenbügel- und Zeitungshalterdokus entscheidet man sich gern, wenn die Dokumentation hinterher im Giga-Ordner landen soll. Deshalb sind die einzelnen Elemente auf DIN A3-Fotokarton oder Tonpapier geeicht.

Beide Dokumentationsvarianten sind so konzipiert, dass jeder sie gerne in die Hand nimmt, auch wenn er oder sie nicht so viel Zeit zur Betrachtung mitbringt. Es ist ein großer Unterschied, ob ich vor einer starren Ausstellungswand stehe oder ob ich etwas anfassen, zu mir heranholen, sogar ein bisschen darin blättern kann. In dem Moment, in dem mir eine noch so kleine, selbst gesteuerte Handlung ermöglicht ist, bin ich als Betrachterin aktivierter, engagierter, als wenn ich mit Sicherheitsabstand vor einem Objekt verharren muss.

Um dennoch zu vermeiden, dass die Dokumentationen speckig und unansehnlich werden (bis sie im Giga-Ordner landen) können die einzelnen Blätter in A3-Prospekthüllen geschützt werden. Dies ist Teil der Idee. Denn geschützt durch die Hüllen können auch kleinteilige Basteleien oder Materialien zwischen Foto und Text geklebt und vorübergehend zum Anfassen freigegeben werden.

Zeitungshalterdokus wirken besonders in der Elternsitzecke – als schöne Einladung zu verweilen, zu schmökern und sich dem Gefühl hinzugeben, in einem Caféhaus die neusten Nachrichten aus der (Kinder-)Welt serviert zu bekommen.

Herstellung und Gestaltung

Hosenbügeldoku

Sie erklärt sich fast von selbst. In 55-Cent-Läden gibt es Hosenbügel im 5er-Pack zu Spottpreisen. DIN A3-Prospekthüllen bekommt man in jedem gut sortierten Schreibwarenladen; wenn nicht, kann man sie dort bestellen. Beim Einheften in den Giga-Kiga-Ordner kann dann auf sie verzichtet werden, denn sie sind erstens leider nicht billig, zweitens wollen wir den versiegelnden Plastikeffekt hier gar nicht haben. Im Grunde benutzt man immer nur den einen Satz von vielleicht 10 Prospekthüllen. für die Hosenbügeldokus schneide ich sogar die gelochte Kante neben der Prägenaht ab, da ich sie nicht benötige und es ohne sie schöner finde. Wenn Sie eine Schnur spannen, um die Bügel anzuhängen, macht es Sinn, die Schnur doppelt

zu nehmen und alle 10 cm einen Knoten zu setzen, damit die Bügel ein bisschen eingehängt und nicht nur übergehängt werden können.

Zeitungshalterdoku

Die erste Frage ist natürlich die: Wo bekomme ich Zeitungshalter her? Geben Sie das Stichwort ›Zeitungshalter‹ in die Suchmaschine Ihres PCs ein und Sie erhalten eine Fülle von Angeboten in vielerlei Formaten. Sind Sie mit dem Internet nicht bewandert, bitten Sie eine Mutter oder einen Vater, für Sie zu recherchieren. Häufig gibt es günstige Angebote von Zeitungsverlagen oder anderen Herstellern im 10er-Pack. Ist Werbung aufgedruckt, können Sie sie überlackieren. Die Dokumentationsbögen für die Zeitungshalterdokus sollten eher aus Tonpapier denn aus Fotokarton sein, denn sonst sind sie zu steif und lassen sich schwer blättern. Sie können auch jeweils nur den weißen gelochten Seitenstreifen der Prospekthülle, so Sie welche benutzen, in die Leisten des Halters einzuklemmen. Auf diese Weise entsteht automatisch eine weiche Bewegungsrille. Zur Lochung der einen wie der andern Dokumentationsvariante, um sie später in den Giga-Ordner einzuheften: ➛ Teil 3.

Das Präsentieren von Dokumentationen für Kinder muss auf deren Augenhöhe stattfinden! Dies ist ein wichtiges, leider oft vernachlässigtes Prinzip. Gerade Hosenbügeldokus sind für kleine Betrachter besonders geeignet. Zudem: Wenn die Kinder sich ausgiebig an dem niedrigschwellig Gezeigten erfreuen, zwingen sie ihre Eltern oft unversehens in die Knie. Manchmal habe ich den Verdacht, dass Eltern auf diese Weise sogar mehr von tiefhängenden Dokumentationen als von denen auf ihrer Augenhöhe mitbekommen.

Material

- DIN A3-Fotokartons
- DIN A3-Prospekthüllen
- Hosenbügel
- Zeitungshalter, z. B. per Internet bestellt

Leporello und Zackbuch

Sinn und Zweck

Eine kleine Dokumentation über ein Ereignis oder ein Thema herzustellen, muss kein großes Vorhaben sein. Sich einen Dokumentationsträger zu bauen, das kann ›zack-zack‹ gehen. Ein Leporello ist schnell gemacht. Haben wir spontan ein Thema mit den Kindern entwickelt, können wir aus dem Stegreif ein Büchlein dafür herstellen. Das beschwingte Ausprobieren von Neuem gepaart mit dem ständigen Wiederholen von Vertrautem können wir uns täglich bei den Kindern abgucken. Auch wir können uns die Dinge vertraut machen, indem wir klein mit ihnen anfangen. Leporellos und Zackbücher sind für Dokumentationseinsteigerinnen gut geeignet, weil sie einfach und gemeinsam mit den Kindern herzustellen sind. Erlauben Sie sich winzige Dokumentationen, die ›winzige Situationen‹ zum Gegenstand haben. Unser Ziel: Alle Handlungen rund ums ›Erkennen und Dokumentieren‹ sollten uns so vertraut und geläufig werden wie Tischdecken, Wickeln und Vorlesen. Diese täglichen 5–10-Minutentätigkeiten sind es, die uns am besten von der Hand gehen, weil wir sie ständig wiederholen können. Doch natürlich geht es nicht darum, beliebige Berge von kleinen Fotoalben zu produzieren. Es geht um das spontane Einkreisen und Verdeutlichen von kleinen und großen Themen aus der Kindergruppe. Die Zackbücher laden dazu ein, mit den Kindern Inhalte und handwerkliche Ideen einzufangen, wie Kaulquappen. Die interessante Frage, wie viele Möglichkeiten es gibt, einzelne Seiten zu einem handhabbaren Büchlein oder Poster zu verbinden, lockt uns zudem auf das Terrain ausgiebiger Materialerkundung und feinmotorischen Expertentums.

Herstellung und Gestaltung

Leporellos – die Zickzackbücher

Ein Leporello ist ein langer Streifen aus Fotokarton oder Tonpapier, der nach dem Ziehharmonikaprinzip in Zick-Zack-Falten gelegt wurde. Es hat den Vorteil, dass Sie es an den oft ungenutzten Schmalseiten der Räume aufhängen können. Später falten Sie es einfach zum Zick-Zack-Buch zusammen und verstauen es in ihrer kleinen Albenkiste.

- Verstärken Sie die Außenkanten Ihres Leporellos eventuell mit Verpackungsband aus braunem selbstklebendem Kraftpapier, damit sie nicht so leicht einreißen.

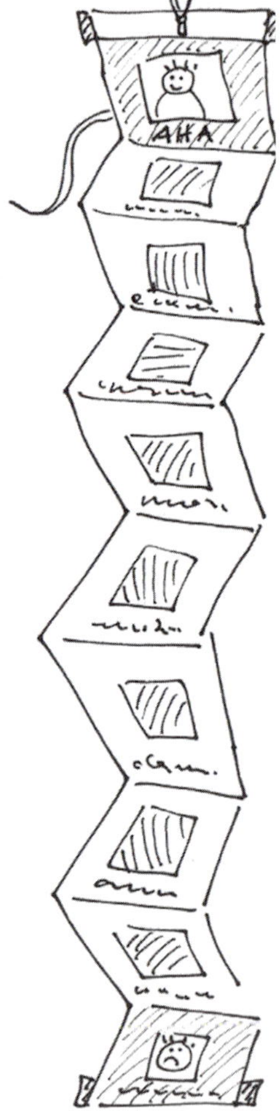

- Die Ober- und Unterkanten eines Leporellos verstärke ich gerne mit festem Karton, den ich jeweils ein bisschen breiter schneide als das Leporello selbst. So bildet er einen schönen Abschluss, wie die zwei Holzstäbe eines Wandbehangs, und außerdem kann man ihn nun gut lochen und den Bast zum Aufhängen daran befestigen. Diese Konstruktion wird nicht leicht ausreißen.
- Hat sich die gesamte Kita entschieden, häufiger Leporellos herzustellen, macht es Sinn, sich gleich einen ganzen Stapel verschiedener DIN A1-Tonpapiere oder Fotokartons bereit zu legen, die schon der Länge nach gedrittelt sind (Streifen von je 84 × 19,6 cm). Oft kann man hierfür den Schneidetisch des Geschäfts nutzen, in dem man das Papier kauft.
- Für ein umfangreicheres Leporello kleben Sie mehrere Streifen aneinander.

Zackbücher gehen zack-zack

Das Hauptmerkmal der Zackbücher ist, dass sie unaufwendig sind. Dennoch besteht ihr Reiz gerade darin, dass ein nettes Detail zur Geltung kommt. Die Erkundung der Bauweise des Dokumentationsträgers wird so vielleicht ebenso spannend wie die Erkundung des Themas.

- Das Gummibuch ist geeignet für Büchlein aus festerem Papier oder Karton. Statt jedes Blatt standardmäßig zu lochen, lochen Sie jeweils nur knapp in die oberen und unteren Kanten der linken Blattseiten (➛ Abbildung), so dass lediglich kleine Halbkreise aus den Blattkanten geschnitten werden, wie

Gummibuch

Kerben. Um diese spannen Sie das Gummiband, das übrigens gerne aus einem in Streifen zerschnittenen Fahrradschlauch oder einem Haargummi bestehen kann.

- Das Knick- und Knotenbuch ist aus lauter einfachen Bögen zusammengesetzt, die in der Mitte gefaltet werden, wie ein Schulheft mit seiner Mittelnaht. Da man aber nicht immer Zeit zum Nähen hat, ist es eine gute Lösung für kleine Hefte, das mittig geöffnete Heft an der oberen und unteren Kante direkt im Knick mit einem Loch zu versehen. Hier wird das Heft mit zwei schönen Bändern verbunden (➛ Abbildung). Schneiden Sie sie schräg ab, so dass zwei bunte Schwänze Ihr Heft nach oben und unten hin schmücken, wie Lesezeichen.
- Das Fensterbuch. Sehr beliebt ist es, in das Cover des Büchleins (oder auch die einzelnen Seiten) Fenster zu schneiden und so einen Ausschnitt der nächsten Seite durchgucken zu lassen. Worum geht's im Buch? Das Fenster gibt uns jeweils den thematischen Fokus. Für so etwas hab ich immer eine alte Nagelschere parat.
- Das Knopfbuch. Wie wär's damit, die Büchlein nur in der oberen linken Ecke mit einem Knopf zu verbinden?
- Das Musterbeutelklammerbuch. Die goldfarbenen Spangen können sehr edel wirken. Vielleicht wird auch noch an anderer Stelle mit Gold dekoriert?

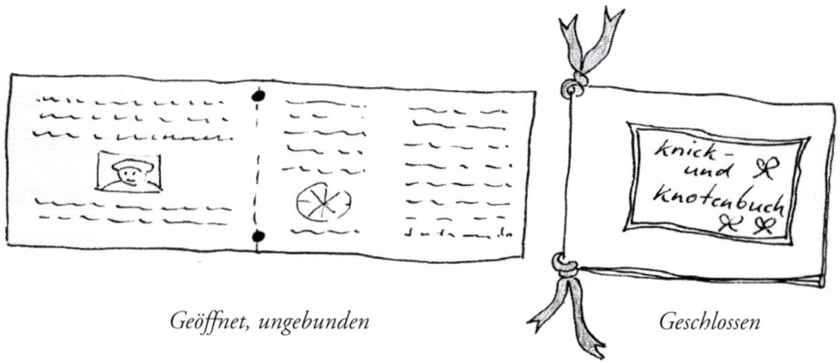

Knick- und Knotenbuch

- Das Tackerbuch. Bei getackerten Heften können Sie die ›Tackerkante‹ mit braunem Verpackungsband kaschieren und dieses anschließend mit weißen Mustern bemalen.
- Das Nahtbuch. Relativ dicke Papierstapel lassen sich rasch mittig mit der Nähmaschine zusammensteppen. Das Titelschildchen oder sonstige Elemente können Sie ebenfalls kreuz und quer auf das Cover nähen. Wenn Sie gar eine Naht in Baumform (Ziernaht) auf das Cover einer Minidokumentation über die Bäume des Kita-Gartens nähen, werden die Kinder staunen: Die Naht ist wie Blindenschrift. Man kann das Thema des Heftes jetzt fühlen.

Findus

Sinn und Zweck

Dokumentationsspezialisten sind immer auf der Suche nach aussagekräftigen Dokumenten für Themen, die ihnen unter den Nägeln brennen und die sie bald in geeigneter Form darstellen möchten. Wie die Elster nach allem späht, was glänzt, so erspähen geübte Dokukünstler mehr und mehr die Spuren der Kinder bezüglich ihres jeweiligen Themas. Sie sammeln zudem die klassischen ›Reisetagebuch-Assesoirs‹, wie die Eintrittskarte eines Theaterstücks, die Entwürfe der Kinder für ihre ›Jahresendflügelfigur‹ oder die Zettel der legendären Frühjahrsschnitzeljagd. Um bei all diesem Sammeln und Jagen nicht im Chaos zu versinken und um immer alles wiederzufinden, hat sich der ›Findus‹ bewährt, ein vielfächriges Sammelsystem. Es erleichterte mir alle Vorbereitungen für unsere SchülerWerkStadt-Dokumentationen: Für die jeweiligen Vorhaben richtete ich nun stets umgehend ein Sammelfach ein, z. B.:

- Abschiedsalbum Dion
- Weihnachtswerkstatt
- Rügenreise
- Fahrradausflug.

Die Idee liegt auf der Hand: Ist die Stunde gekommen, in der ein Projekt oder eine andere Unternehmung abgeschlossen werden kann, wird das betreffende Findus-Fach geleert, wie ein Sparschwein. Manchmal kommen hierbei Dinge zu Tage, die man schon fast wieder vergessen hat. Eine Dokumentation aus dem ›Findus-Fundus‹ zusammenzupuzzeln macht viel Freude und wenig Mühe.

Im Findus findet man alles

Herstellung und Gestaltung

Der originale ›Findus‹ ist als Fächermappe käuflich zu erwerben – aber ziemlich teuer. Man kann sich anderweitig behelfen. Ein Hängeordnersystem (Büroartikel) ist ebenso praktikabel wie ein schön beklebter Schuhkarton voller kartonierter DIN A4-Briefhüllen. Die zahlreichen Briefhüllen von Bewerbungen lassen sich hierfür hervorragend recyceln. Bekleben und beschriften Sie sie mit markanten Bildern oder Symbolen Ihres jeweiligen Projekts, so dass keiner lange nach der richtigen Hülle suchen muss, wenn er etwas eintüten möchte.

Doku-Spinne, Doku-Teppich und Doku-Rahmen

Sinn und Zweck – Herstellung und Gestaltung

Wie sollen wir was wo aufhängen? Diese Frage beschäftigt alle dokumentierenden Erzieherinnen. Brandschutz, Platznot, Sicherheit, optische Wirkung und einfache Handhabung – all dies muss permanent abgewogen und mit den Gegebenheiten in der Einrichtung in Einklang gebracht werden. Wie unansehnlich graue Spuren von Klebefilm auf Wänden sind, darüber herrscht große Einigkeit. Pinnwände, Magnettafeln und Klemm- und Korkleisten gehören zu den meist benutzten Präsentationsvorrichtungen in Kindertageseinrichtungen. Ihre Nachteile sind allerdings bekannt: Magnete werden gerne ›entführt‹, Pinnwandnadeln sind in der Krippe unerwünscht, bei Befestigungsleisten fehlt der Passepartout-Effekt und außerdem die Möglichkeit, die Bilder und Poster an allen vier Ecken anzubringen. Ohne Pinnwände auskommen zu wollen, scheint mir utopisch. Aber sie hier und da durch andere Systeme zu ergänzen, besonders im Krippenbereich, ist sinnvoll und machbar.

Im Nachbarschaftsheim Schöneberg sind wir dazu übergegangen, überall, wo es passend erscheint, Doku-Spinnen in jeglicher Größenordnung zu instal

Ob 3 × 3 m oder 1,50 × 1,50 m, die Doku-Spinne ist schnell an jeder Wand angebracht: Vier Leisten, acht Schrauben und Dübel, jede Menge geschlossener Schraubhaken und meterweise Schnur …

Doku-Spinne

lieren. Das geht schnell, ist billig und auf Nadeln kann verzichtet werden. Ebenso wie die Doku-Teppiche werden sie lediglich mit ungefährlichen hölzernen Wäscheklammern bestückt. Die Verspannung der Schnur an den vielen kleinen Schraubhaken macht Kindern großen Spaß. Sie müssen allerdings dabei unterstützt werden, damit das Geflecht am Ende auch die Spannung hält.

Ein Hinweis: Ein Quadrat wirkt meist ruhiger und harmonischer als ein Rechteck. Deshalb empfehle ich Rahmen mit gleichen Seitenlängen.

Die Doku-Teppiche (siehe Eingangsfoto) sind schon etwas aufwendiger in der Herstellung. Nachdem ich den Prototyp selbst genäht hatte, gab ich bald alle weiteren Wandbehänge einer Schneiderei in Auftrag. Die Doku-Teppiche vermitteln einen etwas geordneteren und durch den Stoff auch wärmeren Eindruck als die ›flippigen‹ Spinnen. Der Stoff (fester Baumwollstoff) sollte einfarbig sein und mit dem Farbkonzept des Raumes übereinstimmen.

Eine weitere nützliche Erfindung (der Tischler des Nachbarschaftsheims Berlin-Schöneberg) sind die Doku-Rahmen. Es sind Wechselrahmen aus Holz mit einem Rücken aus einer Weichfaserplatte. Sie werden in Serien von 4–9 Stück auf Augenhöhe der Kinder in den Fluren der Einrichtung installiert. Eine Plexiglasscheibe kann in den Rahmen hineingeschoben oder

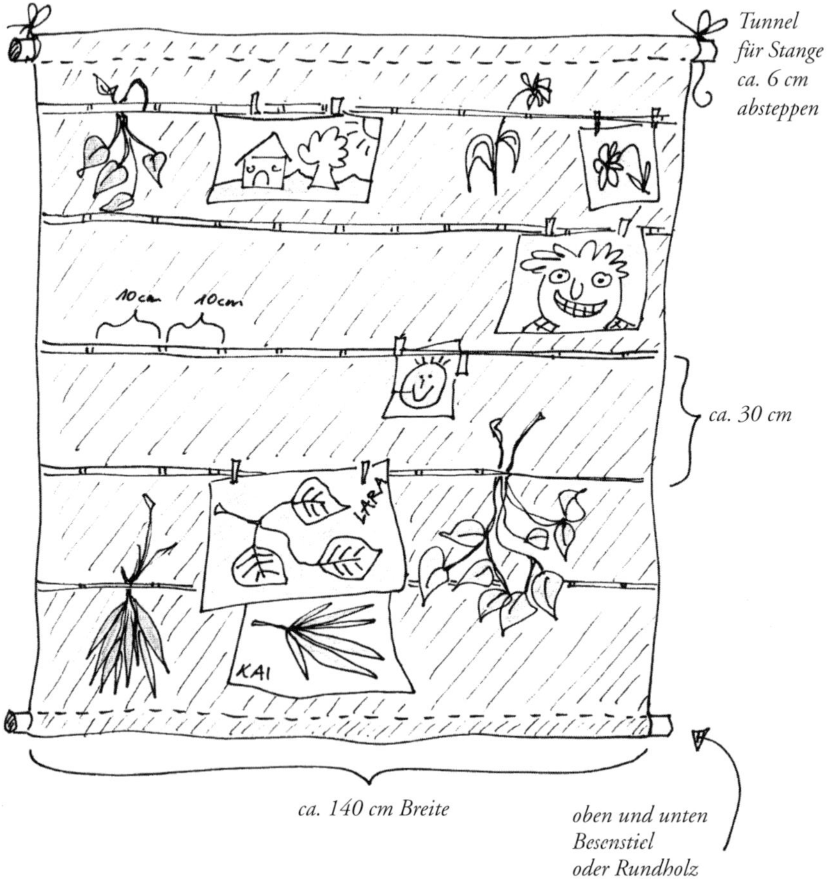

Doku-Teppich

herausgezogen werden, ohne diesen von der Wand zu lösen. Hinter der Scheibe lassen sich die Werke der Kinder mit Reißnägeln auf der Weichfaserplatte befestigen. Sie sind hinter dem Plexiglas geschützt, können also nach Herzenslust ›betatscht‹ und kommentiert werden. Auch im Hinblick auf den Brandschutz gab es bisher keinerlei Bedenken gegen die Installation der Doku-Rahmen.

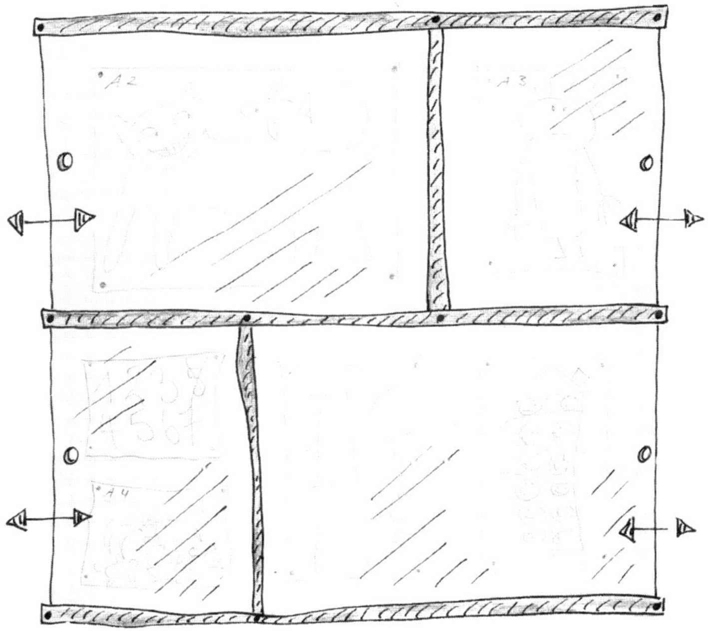

Mobile Plexiglasscheiben in Rahmen aus Holzleisten; Hintergrund aus Weichfaserplatte; Ideal im Flurbereich auf Augenhöhe der Kinder

Doku-Rahmen

Teil 3

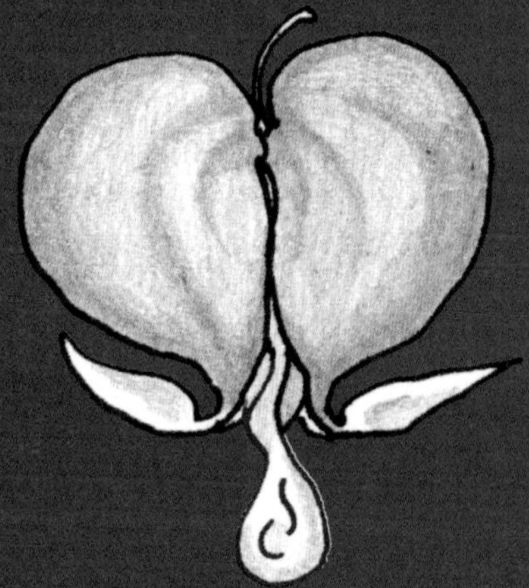

Handwerkliche Tipps

Damit Sie, die Kinder und die Eltern ein Höchstmaß an Spaß und Erfolgen bei der Herstellung von Dokumentationsträgern haben, hier einige organisatorische, handwerkliche und gestalterische Grundlagen für Ihre Dokumentationswerkstatt. Ich trete dafür ein, dass eine Kamera, am besten eine Digitalkamera, und ein Computer zur Ausstattung jeder dokumentierenden Einrichtung gehört.

Die Papiertheke

Teams, die es sich räumlich leisten können, sollten sich eine zentrale ›Papiertheke‹ einrichten. Überprüfen Sie jeden Winkel Ihrer Raumnutzung! Oft ist es möglich, eine Ecke dafür zu finden, besonders, wenn sich ein Team entschlossen hat, seinen Vorrat an Papierwaren zentral zu lagern, anstatt in jedem einzelnen Gruppenraum einen Schrank damit zu füllen. Durch die Papiertheke sollen angenehme und funktionale Arbeitsabläufe zur Vorbereitung und Herstellung von Dokumentationen unterstützt werden. Jede Schule und nahezu jede kleine Büroetage hat einen Kopierraum, eine Poststation – einen Ort jedenfalls, an dem die Mitarbeiter eine Standardausrüstung an Papierbearbeitungs- und Vervielfältigungswerkzeugen vorfinden. In mancher Kita hingegen fand ich nicht einmal eine große Schere. Diese Situation erscheint mir im Hinblick auf die Tatsache, dass Papier das meist genutzte Material von Erzieherinnen ist, durchaus verbesserungswürdig.

Eine Papiertheke sollte mit offenen wie verschließbaren (oder außer der Reichweite der Kinder befindlichen) Fächern und einer großen Arbeitsplatte ausgestattet sein. Diese wird per Markierung in einen Klebe- und in einen Schneidebereich unterteilt.

Die ideal bestückte Papiertheke enthält:

- Vielerlei Arten sortiertes Papier und Karton
- Ausreichend Fotokarton-Vorräte, DIN A3 und DIN A4, in vielen Farben
- Schneideleiste
- Tacker, Heftklammernentferner
- Locher mit Anschlagleiste
- Buchbinder- oder kleines glattes Küchenmesser und Cutter
- Schneideunterlage
- Laminiergerät
- Großes Winkellineal
- Große und kleine spitze Papierscheren
- Kleiner Tischbesen für Radierkrümel und Schnipsel
- Alte Disketten statt oder zusätzlich zum Falzbein
- Vorgeschnittene alte Zeitungen (geviertelt) als Klebeunterlagen

- Mini-Schneebesen zum Anrühren kleinster Mengen von Kleister und Leim
- Diverse Kleber: Teppichklebeband, Klebestift, Tesafilm, Pattex, Buchleinen als selbstklebendes Band (ca. 5 cm breit), Fotogum, selbstklebendes braunes Verpackungsband aus Papier, weißer Holz- oder Buchbinderleim (Dispersionsleim), stets ein Gläschen fertiger Tapetenkleister, beschriftete Gläschen mit diversen Kleister-Leim-Gemischen (➛ Abb. Klebstofftabelle). Für den Verbrauch des Tapetenkleisters gilt folgende Regel: »Wer den letzten Tropfen nimmt, wird zum Kleisterkoch bestimmt.«
- Leimpinsel mit breitem schweren Wasserglas und ›Lappenkorb‹, d. h. ein kleiner Korb, in dem ein feuchter Lappen luftig untergebracht ist und nicht muffelt.
- Buchschrauben, diverse Längen
- Heftringe, diverse Durchmesser
- Bast in vielen Farben
- Liner, Bleistifte, Radiergummis, Spitzer, Büroklammern und ähnliches Büromaterial
- Papiermustersammlung, d. h. ein kleines Buch mit jeweils gleich groß zugeschnittenen Papiermustern jeglicher Sorte. Dies ist zwar nicht zwingend notwendig, jedoch unterstützt die Papiermustersammlung – ausgehängt auf Augenhöhe der Kinder und unter ihrer Mithilfe laufend ergänzt – die sinnliche Auseinandersetzung mit dem faszinierenden Werkstoff Papier: Allein in Deutschland gibt es mehrere 10.000 Sorten. Diese ›Materialfamilie‹ (mit der wir ohnehin täglich zu tun haben) näher kennenzulernen, sollten wir uns, als schöne Möglichkeit der haptischen Sensibilisierung, nicht entgehen lassen. Die Frage, nach welchem System und in welche Kategorien wir die Muster ordnen können, stellt wiede-

Papiermusterbuch zum Aufhängen; Papierchen immer nur an einer Seite festkleben, damit man sie gut ›befummeln‹ kann.

Papiermusterbuch

rum eine spannende Verknüpfung zwischen sinnlicher Wahrnehmung und mathematischem Denken dar (vgl. Zeier 1990).

- Zwei ausreichend große Papierkörbe, besser: Papierkisten. Ein Papierkorb dient als Abfallbehälter, der andere als kleinteiliger Fundus für die Kinder.

Eine Bestell-Liste kann an der Wand angebracht werden, auf der sofort eingetragen wird, wenn etwas fehlt. Benennen Sie einen ›Auffülldienst‹, der monatlich oder vierteljährlich rotiert und für Nachschub sorgt.

Wer die Papiertheke benutzt, muss sie natürlich ordentlich hinterlassen – was in der Regel nur in Sachen Leimpinsel Schwierigkeiten macht. Günstig ist deshalb immer ein Waschbecken in der Nähe.

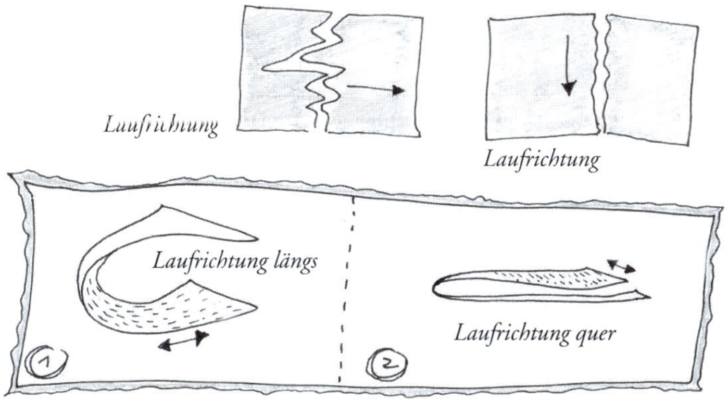

Laufrichtung von Papier

Die Laufrichtung von Papier

Jeder hat das schon einmal erlebt: in eine Richtung lässt sich Papier relativ problemlos gradlinig falten oder durchreißen – in die andere Richtung will es nicht auf der gewünschten Linie bleiben und es ergeben sich große ›Zacken‹. Beim Reißen von Taschentüchern ist es am deutlichsten. Auch wenn wir einen Papierflicken in eine Schale Wasser legen, können wir die Laufrichtung sofort feststellen. Es rollt sich in eine Richtung, nämlich parallel zur Laufrichtung, zusammen. Papier enthält pflanzliche Fasern, die sich bei seiner Produktion, wenn der Papierstoff auf das sog. ›Langsieb‹ gegossen wird, längs legen. Sie liegen wie Kanus in der Strömung des Flusses. Logisch, dass es sich an ihrer Längsseite entlang leichter reißen und biegen lässt. Diesen Tatbestand sollten wir uns vor allem beim Falten und Falzen zu Nutze machen. Besonders bei Karton und dickerem Papier müssen wir stets überprüfen, welches die für unser Vorhaben günstigste Laufrichtung ist. Ein wichtiger Hinweis für feuchtes Arbeiten: pflanzliche Fasern quellen vornehmlich in die Breite. Das bedeutet, dass sich Papier immer quer zur Laufrichtung ausdehnen wird, sobald es mit Kleber bestrichen ist. Anspruchsvolle ordnen deshalb beim Kaschieren ihre Flicken allesamt sorgfältig in Laufrichtung an. Ich selbst habe darauf meist verzichtet und sehe diesen Anspruch für die Arbeit mit Kindern auch als übertrieben an. Je dicker die Papiere jedoch sind, die wir miteinander verbinden möchten, desto mehr kann sich die Wirkung quellender Fasern ungünstig auf unser Werkstück auswirken. Deshalb gilt: kleben wir sehr kräftige Papiere, Karton und/oder Pappe aufeinander, so sollten sie tatsächlich nur in gleicher Laufrichtung aufeinandergesetzt werden.

Handwerkliche Regeln hin oder her – allen Kindern macht es Freude, eine zuverlässige Expertise im Ermitteln der Laufrichtung zu entwickeln. Und sei es nur aus Freude am Effekt.

Leim und Kleister

Tapetenkleister ist in jeder Kita allezeit in Gebrauch. Er ist billig, ungiftig, relativ haltbar und leicht zu verarbeiten. Meiner Beobachtung nach ist das einzige Problem, dass er zu grob und unökonomisch eingesetzt wird und wir von daher immer wieder mit klumpigen Resten zu tun haben. Sie zu entsorgen macht niemandem Freude. Ich rate Ihnen deshalb, sich in Zukunft mit der Variante der kleinen Portionen anzufreunden. Ein Mini- oder Puppenschneebesen plus Kaffee-Messlöffel erlauben das saubere Anrühren und Mischen von geeigneten Klebecocktails für jede Bestimmung in kleinsten Mengen. Beachten Sie die Gebrauchsanweisung, wenn Sie sich guter Ergebnisse sicher sein wollen. Kleister dickt, wie wir wissen, erheblich nach. Bei kleinen Mengen in kleinen Gefäßen (ideal: breite Honiggläser), sind unsere Möglichkeiten, immer wieder Wasser einzurühren, begrenzt.

Tapetenkleister besteht aus Zellulose. Sein Vorteil: Er bleibt immer wasserlöslich und trocknet fast unsichtbar auf. Wir können also auch von oben über unsere zu verklebenden Papiere streichen, sie quasi mit Kleister einmassieren – hinterher wird man kaum Klebespuren sehen. Einer der Nachteile von Tapetenkleister ist jedoch, dass er mit der Zeit porös werden kann. Aus diesem Grund ist er nur für dünne Papiere und geringe Belastung bzw. Spannung geeignet. Sobald wir ihn jedoch mit einem Dispersionsleim verfeinern (z. B. weißer Holzleim, der dem Buchbinder-Dispersionsleim sehr ähnlich ist), verbessert sich seine Qualität erheblich in Richtung Haltbarkeit und Elastizität. Allerdings ist vollständig getrockneter Dispersionsleim auch unauflöslich. Schon ein relativ geringer Anteil an Leim bewirkt also, dass sich die Klebmasse nach dem Auftrockenen nicht mehr gut – oder gar nicht mehr entfernen lässt! Hier gilt es, sorgfältig zu arbeiten. Kinder müssen sich Kittel überziehen und die Ärmel hochkrempeln. Nicht vergessen: Den Leimpinsel immer gleich auswaschen oder ins Wasserbad stellen.

Eine Grundregel des Klebens lautet: Je kräftiger unser Papier/Karton, desto mehr Leim muss unser Gemisch enthalten – und desto rascher, fester und anhaltender muss es zusammengepresst werden. Das 5:1-Verhältnis (fünf Teile Kleister, ein Teil Leim) ist bei meinen Dokumentationsobjekten am häufigsten in Gebrauch und ich erziele damit gute Ergebnisse. Diese Mischung lässt sich beim Kaschieren problemlos auch auf der Oberfläche des Objekts verstreichen, ohne dass Flecken entstehen (z. B. wenn an der ›Naht‹ zwischen zwei Papieren überschüssiger Kleber ausgetreten ist). Habe ich ein leimlastigeres Gemisch gewählt, kann ich die Spuren von Klebstoffresten ebenfalls beseitigen, indem ich sie in frischem Zustand vorsichtig mit einem leicht angefeuchteten Lappen weg tupfe.

Vier Behältnisse genügen normalerweise an der Papiertheke:

- Eine Flasche reiner weißer Holzleim
- Ein Glas reiner, angerührter Tapetenkleister
- Ein Glas 5:1 Kleister-Leim-Gemisch
- Ein kleines Glas 1:1 Kleister-Leim-Gemisch.

Tapetenkleister (angerührt)	*Dispersionsleim (weißer Holzleim oder Buchbinderleim)*	*Für welche Papiersorten/Kartonsorten?*
100 %	—	*… dünn auf dünn …*
4–6 Teile	*1 Teil*	*… mittel auf mittel …*
—	*100 %*	*… dick auf dick …*

Für die Werke in diesem Buch verwendete ich fast ausschließlich Variante zwei. Generell gilt: Je dicker das Papier/der Karton, desto mehr Dispersionsleim wird zugegeben

Klebstofftabelle

Das Kaschieren von Objekten mit Papier

Das, was wir gerne als Pappmachée bezeichnen, müssten wir eigentlich ›Papiercachée‹ (frz. cacher = verstecken, verbergen) nennen. Wenn wir etwas umhüllen, kaschieren wir. Wenn wir hingegen eine Knetmasse, ähnlich wie Ton, aus Papier herstellen, haben wir Papiermachée produziert und können einen Gegenstand daraus formen.

Etwas mit Papier verdecken, beziehen, ›einkleiden‹ ist mehrfach Thema in diesem Buch. Besonders ›Cachées‹ in Patchwork-Gestalt – also Papierbezüge, die durch das bunte Nebeneinanderkleben von vorab zusammen gesammelten, farblich aufeinander abgestimmten Papierresten entstehen, scheinen für die Arbeit mit Kindern sehr geeignet. Die ›Flicken‹ können gerissen oder geschnippelt werden, jedes Verfahren hat seinen optischen Reiz – und seine altersentsprechende Herausforderung.

Die Technik des Kaschierens ist schnell erklärt:

- Wählen Sie als Kleber, je nach verwendeten Papierstärken, ein geeignetes Kleister-Leim-Gemisch (wahrscheinlich 5:1).
- Bereiten Sie ausreichend alte Zeitungen (mit dem Messer in Viertelblätter zertrennt) als Klebeunterlagen vor.
- Stellen Sie schwere, breite Wassergläser, kaum gefüllt, zum ›Zwischenparken‹ für die Leimpinsel bereit. Ebenso leicht angefeuchtete Lappen.
- Stellen Sie flache Kartons mit Papierresten in ähnlichen Stärken und diversen Farben oder auch Mustern bereit.
- Streichen Sie die Rückseiten Ihrer Flicken dünn, jedoch bis an die Ränder reichend mit Kleber ein und lassen Sie sie kurz weichen.
- Setzen Sie sie auf das zu kaschierende Objekt und drücken sie an.
- Achten Sie darauf, auch die Ränder des aufgesetzten Papiers immer gut fest zu drücken. Vielen hilft die Vorstellung eines zarten Einmassierens. Wegstehende Kanten reißen später leicht ein und das wäre schade.
- Vorsicht bei den Außen- und Stoßkanten Ihres Objekts: Lassen Sie Ihre Flicken nie an einer Kante enden, sondern immer um diese herum laufen. Das ist haltbarer und ›kleidet‹ besser.
- Arbeiten Sie nicht zu feucht, streichen Sie die Flicken dünn ein oder wischen überschüssigen Kleister wieder weg. Denn die Feuchtigkeit macht, dass sich der Faseranteil in Karton und Paper ausdehnt und das Objekt damit wellig werden kann.
- Kaschieren Sie zudem immer beidseitig! Sie müssen, um Verwerfungen zu entgehen, immer einen ›Gegenzug‹ herstellen.

- Leichte Blasen, die sich durch die Feuchtigkeit im Kaschierpapier bilden können, verschwinden beim Trocknen oft von selbst; die Fasern schrumpfen wieder, das Papier zieht sich glatt. Gut ist es, während des Trocknungsprozesses ab und an noch einmal darüber zu streichen.
- Steht am Ende doch noch die eine oder andere Ecke empor, kann mit einem Tupfen Kleber auf dem Pinsel problemlos nachgearbeitet werden.
- Das Trocknen sollte an einem warmen, doch nicht heißen Ort erfolgen. Der Backofen ist dafür ungeeignet, das Papier reißt dann auf.
- Die meisten Objekte können in fast trockenem Zustand zwischen möglichst unlackierten Brettern (diese nehmen die Feuchtigkeit auf) gepresst werden. Achtung: Ist das Objekt bereits trocken genug, um nicht am Brett kleben zu bleiben?

Falzen, Ritzen, Rillen, Trennen, Schneiden

Der Umgang mit Papier stellt eine interessante Herausforderung für unsere Sinneswahrnehmungen und unsere handwerklichen Fähigkeiten dar. So viel, wie wir einerseits mit Papier zu tun haben, so wenig wissen wir doch über diesen Werkstoff. Nehmen Sie sich mit den Kindern Zeit, seine vielfältigen Eigenschaften hinreichend zu erforschen und die gewonnenen Erkenntnisse miteinander zu besprechen, z. B.:

- Drucke ich mit dem Falzbein (oder der Ecke einer Diskette) eine Rille in die eine Seite meines Kartons, entsteht Bewegungsspielraum in Richtung der anderen Seite.
- Genügt das nicht, ritze ich den Karton mit dem Buchbinder- oder Küchenmesserchen leicht an – aber Achtung, nicht zu tief, sonst bin ich schon beim Trennen.
- Das Trennen lässt sich gut mit dem Cutter erledigen. Diese Technik ist nicht für kleine Kinder geeignet, die Klinge des Cutters ist sehr scharf.
- Reißen, nachdem man vorher eine Linie mit dem Fingernagel gefalzt hat, ergibt eine wunderschöne, faserig weiche Kante – wie Büttenpapier.
- In Laufrichtung geht das alles viel besser!
- Schneiden, freihand und absichtlich ›schief‹ und geschwungen, sieht oft viel schöner aus als ›fast gerade‹.
- Kleben, nähen, zusammenschrauben, lochen – wie vielseitig sind die Möglichkeiten, Papier miteinander zu verbinden …
- Wenn wir Papier ›ankokeln‹, räuchern, mit Wachs betropfen oder versiegeln, sieht es ganz alt aus.
- Wie viele verschiedene Papiersorten können wir innerhalb von einem Monat sammeln, um daraus eine Papiermustersammlung oder ein Papiermemory zu machen?

Leinenecken

Die Verstärkung von Buch- und Ordnerkanten mit selbstklebendem Buchleinen ist eine beliebte, doch auch nützliche Spielerei. Sie macht ein Objekt tatsächlich robuster. Statt Buchleinen können Sie auch kräftigeres Papier nehmen, es hat den selben optischen Effekt, ist billiger, aber nicht ganz so haltbar. Üben Sie vielleicht eine Ecke aus Papier an einem Stück Karton, bevor Sie sich an Ihr schönstes Werk machen. Das Wichtigste ist die korrekte Versorgung des kleinen »Fingernageldreiecks« und das möglichst exakte Einhalten von 0,5 cm Überstand beim Zuschneiden des Buchleinenrechtecks an den drei auf der ersten Zeichnung markierten Stellen (➛ Abbildungen Leinenecken).

Ziehen Sie das Leinengewebe straff über die jeweilige Kante. Erst die eine Seite, dann kneifen Sie das kleine ›Fingernageldreieck‹ fest, dann die andere Seite.

Sie können die Leinenecken zuerst kleben, und anschließend Ihren Papiereinband bis kurz über die Kanten des Leinens kaschieren. Sie können aber ein Buch (z. B. strapazierte Bilderbücher) auch im Nachhinein mit Leinenecken ausstatten, wobei sich mögliche Unexaktheiten Ihrer Arbeit dann nicht mehr durch geschicktes Kaschieren mit Papier verdecken lassen.

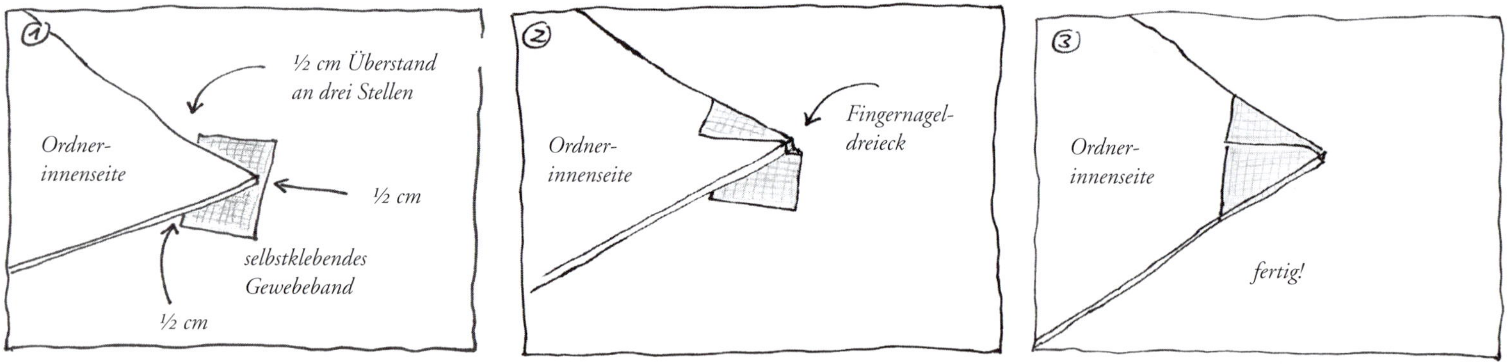

Leinenecken

Vierfach-Lochung von DIN A3-Blättern

Für den Gigaordner: Sie stellen Ihren Locher mit der Anschlagleiste auf ein Mittelmaß zwischen DIN A4 und DIN A5 ein. Testen Sie, ob Ihre Einstellung dem Abstand der Ringe Ihres Ordners entspricht, indem Sie ein DIN A3-Probeblatt auf die folgende Weise lochen:

- Einmal die oberen Löcher (Vorderseite des Blatts an die Anschlagleiste anlegen) stanzen
- Einmal die unteren Löcher (Rückseite des Blatts an die Anschlagleiste anlegen) stanzen.

Testen Sie nun, ob sich das Blatt mit seinen vier Löchern locker über die Ringe des Ordners legen lässt. Es sollte nicht unter Spannung stehen! Verschieben Sie im Zweifelsfall noch einige Male die Leiste, bis Sie mit dem Ergebnis zufrieden sind. Markieren Sie die Anschlagleiste nun mit einem wasserfesten Liner.

Für alle anderen Modelle: Wenn die Lochung nicht an feststehende Ringe angepasst werden muss, sind wir freier beim Abstand der Löcher. Die Buchschrauben (Sie bestehen aus zwei kurzen Schrauben, von denen eine hohl ist, so dass man die beiden ineinander drehen kann. Es gibt sie in den verschiedensten Maßen.) erlauben uns jede gefällig erscheinende Proportion. Allerdings sollten wir uns auch hier eine Markierung an die Leiste setzen, damit wir nicht immer neu herumprobieren müssen, wenn wir, z. B. im Noki, ein paar Blätter nachträglich einfügen wollen.

Vielseitige Materialverbindungen und Verschlüsse

Eine Raffinesse bei der Herstellung von Dokumentationsträgern ist die besondere Beachtung von Konstruktionen des Verschließens, Hängens und Verbindens. Hier wird nicht nur die Optik, sondern auch die Neugier und gleich darauf die Feinmotorik herausgefordert. Auspacken und Einpacken hat seinen eigenen Reiz. Wir alle kennen den Spaß, den wir an geheimnisvollen Verpackungen haben. Die kognitiven Schemata ›Einwickeln‹ und ›Verbinden‹ haben zwar ihre erste engagierte Phase in der frühen Kindheit. Sie bleiben uns jedoch, ebenso wie andere basale Erfahrungen auch, ein Leben lang als spannende Themen erhalten. Das Wissen darum sollten wir bei der Erstellung unserer Dokumentationen durchaus berücksichtigen. Keine Idee ist verrückt genug. Verschlüsse für Alben können sein: Knöpfe und Druckknöpfe, Schlösser, Holzstäbe und Laschen, Scoubidoubänder, Gürtelschnallen, Korken, Fahrradschläuche (zerschnitten),

Seidenbänder, Schrauben, Strapse, Klettband, Magnete . Ihrer Phantasie sind keine Grenzen gesetzt. Die handwerkliche Herausforderung für Sie und die Kinder besteht darin, die Dokumentationsträger so funktional und so spannend wie möglich zu gestalten.

Ähnlichkeiten und Kontraste

Wer einem Exposé ein gesteigertes Maß an sinnlicher Aufmerksamkeit zukommen lassen will, kann viele Wege wählen; zwei der Wichtigsten sind:

- Ähnlichkeiten betonen: schmeicheln/wohltun
- Kontraste wählen: irritieren/herausfordern.

Ein praktisches Beispiel: In Kindertageseinrichtungen werden Papiere oder Heftchen häufig mit Wolle verbandelt. Einziger Entscheidungsgrund ist, dass man eben gerade Wolle da hat. Die passende Farbe wird gewählt und gut. Dies ist auch in Ordnung. Wollen wir uns aber zu Dokumentationskünstlerinnen weiterentwickeln, werden wir uns bald angewöhnen, über jedes Material, das wir für eine Dokumentation verwenden, einen Moment lang nachzudenken. Wir werden sinnlich geschult. Wir werden zu Materialspezialistinnen. Papier ist pflanzlich, Wolle ist tierisch oder synthetisch. Hat unsere Dokumentation nichts mit Wolle und Schafen zu tun, so ist es vielleicht schöner, zum Binden ein dem Papier verwandtes, pflanzliches Material wie z. B. Bast zu nehmen. Oder einen Gegensatz zu wählen: Metall vielleicht? Buchschrauben? Ein Album mit gepressten Gräsern kann man auch mit Gräsern binden. Ein Buch über die Vögel in der Umgebung der Kita mit auf dem Gelände gefundenen Federn schmücken. Einer Hosenbügeldokumentation über die Reise an die Ostsee je ein Tütchen Sand, Steinchen, Muscheln oder Erde an die Hänger bandeln – oder gibt es ein Titelblatt aus Sandpapier?

Rätselhaftes

Unser Auge ist ein eigenwilliges Organ: Es ruht, wo es will, es lauert, es beobachtet, es erkennt Proportionen, Entfernungen, Strukturen, köchelt Farben zusammen, sieht hinter die Dinge – was nicht heißt, dass es sich nicht gerne von einer schönen Hülle blenden lässt. Es liebt den Blick in die Weite ebenso wie den in ein Uhrengehäuse. Es mag Kontraste, zarte Übergänge, Überraschungen. Es kann sich nicht satt sehen, lässt sich nicht bändigen. Es sucht nach immer neuen Herausforderungen. In der Werbegrafik, im Studiengang ›Visuelle Kommunikation‹ lernen die Studierenden alle Tricks, mit denen man das Auge verführen kann, irgendwo hängenzubleiben. Ziel ist der aktivierte Betrachter, sein Interesse und zielgerichtete Assoziationen zu wecken, am besten nachhaltig. Es ist lohnend, diese Dinge zu beobachten und das eine oder andere Aha-Erlebnis aus der Werbung auf die eigenen kleinen Produkte zu übertragen. Ein Beispiel: In den letzten Jahren fahren immer wieder Lieferwagen mit in Spiegelschrift verfassten Firmen-Namenszügen durch die Straßen. Aus Zeiten, in denen unser Auge jedes unbekannte Objekt auf eine mögliche Gefahr hin identifizieren musste, können wir nicht anders, als einen Leseversuch zu starten. Gute Idee für die Überschrift einer Dokumentation im Hort, oder? Kinder lieben visuelle Herausforderungen und optische Rätsel. Für die Kommunikation über bestimmte Themen in der Kita können wir uns dies also zu Nutze machen: Be-merken ist leichter als Sich-merken, schließt dieses jedoch mit ein.

Rahmen

Ein kleiner Rahmen schadet nie. Dies ist eine Erkenntnis, die Sie bei fast allen Dokumentationen finden werden: Ein Rahmen fängt das Auge ein. Diese Tatsache lässt sich auch auf daumennagelgroße Schildchen übertragen. Natürlich haben sich Werbegrafiker längst auch das Gegenteil vom Rahmeneffekt zu Nutze gemacht. Statt einen Rahmen zu setzen, schneiden sie ein Bild inzwischen gern auch mal an. Bisweilen sogar die Schrift. Die Schnitte irritieren, und es funktioniert: Wir gucken hin und versuchen zu erkennen.

Weiß auf Schwarz

»Solange ich das nicht schwarz auf weiß habe...!« Dunkel auf hell, so ist es unser Auge gewohnt. Kaum drehen wir das Verhältnis um, ist eine angenehme Unterscheidung vom alltäglichem Papierkram gegeben. Mit Weiß und auch anderen hellen Farben weicher Buntstifte kann man hervorragend auf dunklen Fotokarton schreiben. Diese grafische Gestaltungsvariante wirkt immer fein und interessant.

Literatur

AG Professionalisierung frühkindlicher Bildung (Hrsg.). (2005). Beobachtung und Dokumentation in der Praxis. CD und Handbuch. Kronach.

Brenner, G. (1990). Kreatives Schreiben – ein Leitfaden für die Praxis. Frankfurt.

Buzan, T. & Buzan, B. (2005). Das Mind-Map-Buch. Die beste Methode zur Steigerung Ihres geistigen Potenzials. Heidelberg.

Elschenbroich, D. (2001). Das Weltwissen der Siebenjährigen. München.

Gewerkschaft Erziehung und Wissenschaft (Hrsg.). (2006). Bildung sichtbar machen. Weimar, Berlin.

Hebenstreit-Müller & Barbara Kühnel. (2004). Kinderbeobachtung in Kitas. Berlin.

Hentig, H. v. (1998). Kreativität – Hohe Erwartungen an einen schwachen Begriff. München.

Hüther, G., Köhler, H., Kühlewind, G. & Schiffer, E. (2004). Lernen. Stuttgart.

Lill, G. (2004). Die Zeitkasse. Betrifft Kinder, 6, 35.

Reggio Children (2001). Hundert Sprachen hat das Kind. Berlin, Düsseldorf, Mannheim.

Schäfer, G. E. (Hrsg.). (2005). Bildung beginnt mit der Geburt. Berlin, Düsseldorf, Mannheim.

Stern, D. N. (1991). Tagebuch eines Babys. München.

Strätz, R. & Demandewitz, H. (2005). Beobachten und Dokumentieren in Tageseinrichtungen für Kinder. Berlin, Düsseldorf, Mannheim.

Zeier, F. (1990). Schachtel, Mappe, Bucheinband. Bern.

Zglinicki, C. v. (2001). Schreibwerkstatt für Erzieherinnen. Neuwied.